감사의 마음을 담아

_____님께 드립니다.

김영철

내
게
포
기
란
없
다

내게 포기란 없다

지은이 | 감경철
펴낸이 | 원성삼
표지디자인 | 한영애
펴낸곳 | 예영커뮤니케이션
초판 1쇄 발행 | 2024년 10월 16일
등록일 | 1992년 3월 1일 제2-1349호
주소 | 03128 서울시 종로구 대학로3길 29, 313호(연지동, 한국교회100주년기념관)
전화 | (02) 766-8931
팩스 | (02) 766-8934
이메일 | jeyoung_shadow@naver.com
ISBN 979-11-89887-81-0 (03230)

값 17,000원

 모든 인간은 하나님의 형상을 닮은 존귀한 존재입니다. 사람은 인종, 민족, 피부색,
문화, 언어에 관계없이 모두 다 존귀합니다. 예영커뮤니케이션은 이러한 정신에 근
거해 모든 인간이 존귀한 삶을 사는 데 필요한 지식과 문화를 예수 그리스도의 사랑으로 보급
함으로써 우리가 속한 사회에 기여하고자 합니다.

내게 포기란 없다

감경철 회장의 도전과 혁신의 영성

감경철 지음

예영 CTS

김장환 목사_극동방송 이사장

오직 복음만을 전하는 CTS미디어 선교 성역 25주년을 맞아, 그간 혼신의 힘을 다해 오신 감경철 회장님의 자서전 출간을 진심으로 축하 드립니다.

대한민국 최초 기독교TV의 태동부터 오늘에 이르기까지 감경철 회장님은 참 많은 애를 쓰셨습니다. 누구도 시작하지 못한 걸음, 아무도 가보지 못한 길이었기에 개인과 공동체, 경영환경의 어려움들이 많이 있었을 것입니다. 하지만 회장님은 마치 여호와의 궤를 얹은 수레를 멘 암소처럼 뚜벅뚜벅 그 길을 걸어왔습니다. 이는 방송 선교를 위해 부르시고 갈 길을 밝히 보여주신 아버지 하나님의 선명한 부르심, 소명이 있었기 때문입니다.

제 주일 설교가 감 회장님의 배려로 주일 낮에 송출되는데 그 설교를 잘 봤다고 연락하시는 분들이 종종 계십니다. 그분들과 말씀을 나누며 영상 선교의 중요성을 다시금 생각해 보게 됩니다.

오직 예수만을 전하기 위해 항상 최선을 다하는 CTS기독교TV와 감경철 회장님이 저희 곁에 있어 참 든든합니다. 우리 안에서 착한 일을 시작하신 이가 그리스도 예수의 날까지 이루실 줄을 확신하며 감경철 회장님과 CTS 공동체에 하나님의 은혜와 평강이 넘치시기를 축복합니다. 할렐루야!

김진홍 목사_두레수도원 원장

　한국복음방송의 회장이신 감경철 회장은 참된 크리스천이자 애국자
입니다. 그리고 개척자입니다. 무너져 가는 복음 방송, CTS의 책임자
가 되어 다시 일으킨 이야기는 가히 전설적인 이야기라 하겠습니다.

　나는 기독교계의 방송이 여러 곳이 있지만 복음 방송만 이용합니
다. 다른 방송국들도 좋은 뜻으로 운영하는 좋은 기관들인 것은 틀림없
는 사실이겠습니다. 그러나 기독교 방송기구들이 자금과 인재들과 역
량을 한곳에 집중하여 세속 방송국에 못지 않는 방송국으로 발전시켜
야 한다는 생각이기에 기독교 방송이 난립되지 말고 하나로 뭉쳐야 한
다는 생각에서 그렇게 합니다. 내가 특별히 CTS 복음 방송을 선택한
것은 여러 교단이 뜻을 합하고 자원을 합하여 시작한 방송이기 때문입

니다.

　나는 몇 해전 감경철 회장과 함께 동남아 지역을 방문한 적이 있습니다. 그때 베트남에서 일 것 같습니다. 그 바쁜 일정 중에서 구석진 오지를 찾아가 소수민족이 살고 있는 마을을 방문하였습니다. 그 방문에서 놀란 것은 한국인 선교사의 선교활동 보고서입니다. 그리고 저녁나절 온 마을 주민들이 TV 앞에 모여 복음 방송 프로그램을 함께 보고 있는 장면을 보고 놀랐습니다.

　감경철 회장께서 그렇게 구석구석 외딴 선교지들을 찾아다니며 선교사들을 위로, 격려하고 도와줄 일이 무엇인지 묻는 모습을 보며 좋은 인상을 받았습니다. 그런 자세와 정성이 복음 방송을 오늘의 자리에까지 오르게 했을 것입니다.

　내가 복음 방송, CTS와 감경철 회장을 위하여 기도드리는 바가 있습니다. CTS가 KBS, MBC 같은 일반 방송을 능가하는 방송으로 발전하기를 기도드립니다. 그리고 감경철 회장의 심신이 건강하여 오래 한국 기독교 방송계를 이끌어 줄 수 있기를 기도드립니다.

이 철 감독_CTS공동대표이사, 기독교대한감리회 감독회장

대개 우리가 살면서 하는 말은 즉흥적이고, 쓰는 글은 작위적일 때가 많습니다. 그래서 말 많은 것을 삼가고 글 쓰는 데 조심스럽기 마련입니다. 그러다 보니, 자신 안에 있는 보화를 캐내어 나누는 귀한 일마저 기회를 놓치고 마는 일들이 드물지 않습니다. 그런 의미에서 감경철 장로님의 자서전 『내게 포기란 없다』는 반가운 만남입니다.

자신이 만난 하나님 경험을 드러내고 나누는 일은 망설여지는 일임에 분명합니다. 더구나 활자로 묶어낸다는 일은 어쩌면 큰 용기가 필요한 일입니다. 그러나 믿음은 들음에서 나고… 전하는 이가 없으면 어찌 듣겠느냐 하셨습니다. 그러니, 주님의 말씀대로라면, 감경철 장로님께서 숱한 망설임을 이기고 용기를 내어 하나님이 인도하시는 인생

이야기를 낸 일은 참 잘한 일입니다. 크게 축하를 드립니다. 인간에 대한 기록은 사실 혹은 정보 전달로 끝나지만, 주님과 관련된 기록은 그 자체가 언제나 인간의 심령을 움직이는 주님의 도구가 될 수 있습니다. 신약성경 사도행전 1장을 보면 예수님의 공생애를 표현한 것 중에 '행하시며'라는 동사와 '기록하였노라'는 동사는 우리말과 달리 같은 헬라어 '포이에오(ποιέω)'로 기록되어 있습니다. 기록 자체가 '행함'이기 때문입니다. 내가 남긴 몇 줄의 글을 통해 누군가의 인생이 주님 안에서 새로워진다면 얼마나 가슴 설레는 일입니까? 예수님과 함께 살아가는 삶의 흔적을 기록하는 것은 예수님의 가르침을 행하는 것과 다르지 않습니다.

"주님이 하시면 됩니다. 주님이 하시면 반드시 됩니다."
"내 남은 삶 짐을 다시 꾸리고 선교지로!"

감경철이라는 한 사람이 장로라는 신앙인으로, 회장이라는 기업인으로 살아오면서 토해내는 고백입니다. 세상에서 하나님을 근본으로 하는 신앙인으로, 때로는 미친 사람이라는 소리를 들을 만큼 도전적인 기업인으로 살아온 감경철 장로님, 회장님! 현재의 CTS는 전방위적 선교를 감당하고 있습니다. 문화, 교육, 의료, 사회사업 등 모든 분야를 아우르고 국내, 국외 등 '땅끝까지' 선교사역을 감당하고 있습니다. 감경철 회장님의 삶의 모습을 그대로 보는 듯합니다. 방송 선교만으로도 적자를 면치 못한다고 하는데, 세상적으로 보면 문어발식 경영이라고 비판할 것 같은데 결과를 보면 감사와 희열이 있습니다. 이번 자서전

『내게 포기란 없다』는 한 사람의 인생 이야기만으로 취급할 수 없습니다. 자랑할 만한 것만이 아니라 공금횡령-배임 같은 감추고 싶은 이야기를 적나라하게 풀어내고 있기 때문입니다. 글에서 나온 글이 아니라 길에서 나온 글입니다. 수없는 위기 속에서 걸어온 길, 그 속에서 하나님을 향한 기도의 길, 이제 그 길이 독자들을 향하고 있습니다. 하나님과 동행한 시간들을 돌아보며 그 여정을 고백의 형식으로 엮어내고 있습니다. 신앙은 개인의 확신보다는 흔들리는 위기와 수많은 질문들을 통해 깃든다는 사실을 뜨겁게 경험하게 해 주는 책입니다. 인간의 마음 깊숙한 곳을 뒤흔들어 삶을 바꾸는 힘을 경험하게 하는 기회가 될 것입니다. 불안에 시달리고 때때로 흔들리지만, 믿음이라는 대지에 발을 굳게 딛고 하나님을 향하여 나아가게 하는 희망을 함께 누리길 기대합니다. 아름다운 인생을 꿈꾸는 이들에게는 인생의 멘토를 만나는 복된 이야기가 되길 기대하며 추천합니다.

감경철 장로님께서 나누는 고난에 찬 삶의 경험 속에 만난 하나님 경험을 통해 비슷한 아픔을 겪는 이들이 장로님과 같은 은혜를 누리길 바랍니다. 글쓴이가 나누는 인생의 고비마다 밝히 깨닫도록 지혜를 주신 하나님을 캄캄한 데서 분별을 구하는 모든 이들이 깊이 경험하길 원합니다.

김정석 감독_광림교회 담임

혁신과 창조 뒤에 숨겨진 거룩한 소명과 눈물의 도전

감경철 회장님의 CTS 미디어 선교 성역 25주년을 진심으로 축하드리며, CTS를 통해 온 세상에 복음의 물결이 흘러넘치게 하신 하나님께 감사와 영광을 올려 드립니다.

하나님의 귀하신 뜻 가운데 세워진 CTS는 예배와 설교, 교계 뉴스 등을 통해 교회와 세상을 연결해주고, 성도의 삶의 자리를 더 깊은 영성으로 채워주는 사명을 감당해왔습니다. 특별히 코로나 19로 인한 어려움 속에서 CTS를 통한 하나님의 예비하심을 경험할 수 있었습니다. 기독교 미디어의 선두주자로서 불안과 두려움의 시대에 참된 평안과 위로의 소식을 전해준 CTS의 선교 사역에 감사를 드립니다.

또한, 겸손의 리더십과 혁신 경영으로 CTS를 한국 교회의 큰 자산으로 성장시킨 감경철 회장님의 헌신에도 감사를 드립니다. CTS 주관으로 매년 서울시청 광장 성탄 트리와 광화문광장 일대에서 펼쳐지는 '부활절 퍼레이드' 등은 한국 교회를 넘어 한국 사회에 새로운 문화를 창출해가고 있습니다.

CTS가 늘 새로운 꿈을 품고, 그 꿈이 이루어지도록 실현해 나가는 것은 모든 임직원의 헌신과 더불어 감경철 회장님의 상상력과 추진력, 시대를 통찰하는 깊은 혜안이 있기 때문에 가능하다고 생각합니다.

25년간 멈추지 않는 열정으로 달려온 미디어 선교의 역사를 돌아보며 『내게 포기란 없다』라는 책을 발간함에 축하드립니다. 이 책은 혁신과 창조 뒤에 숨겨진 눈물과 도전의 이야기, 실패와 절망 속에서도 다시 일으키시는 하나님의 위로의 이야기로 가득 차 있습니다. 위기를 만날 때마다 기도하며 하나님의 뜻을 구하는 믿음, 미디어 선교사로서의 사명을 넘어 다음 세대를 준비하고 세우기 위한 노력, 이 땅을 넘어 전 세계에 흩어진 선교사를 돕고 위로하며 복음 전파의 한 축을 담당하는 사역을 확인할 수 있습니다.

하나님은 예수님을 이 땅에 보내셨듯이 우리를 세상 속으로 보내십니다. 앞으로도 CTS미디어 선교가 세상에 복음을 전하며 아름다운 열매를 맺어가기를 소망합니다. 아울러 감경철 회장님과 CTS의 모든 가족들, 그리고 후원하는 귀한 손길 위에 하나님의 도우심과 크신 능력이 함께 하시기를 바랍니다.

오정현 목사_사랑의교회 담임

　하나님은 하룻밤도 꿈 없이 잠들지 않고, 하루아침도 꿈 없이 깨지 않는 하나님의 사람들을 통해서 하나님의 일을 이루십니다. 감경철 장로님은 하나님 꿈을 영적 볼록렌즈로 집중하고 평생 사명 전심으로 달려온 꿈의 대사이십니다. 어떤 시련도 장로님의 꿈을 막지 못했고, 어떤 고난도 장로님의 꿈을 멈추게 하지 못했습니다.

　이 책에는 감경철 장로님의 평생 꿈이 용광로처럼 펄펄 끓어오릅니다. 장로님은 세상의 어떤 소리에도 좌고우면하지 않고, 오로지 성경말씀을 기업정신의 정초석(定礎石)으로 삼아 개척자의 길을 앞서 걸어왔습니다. 그의 평생은 복음 전사의 꿈과 희망으로 혁신과 변화를 선도하면서 달려온 생애였습니다.

난파선에 가까웠던 CTS기독교TV를 순항하게 한 이야기는, '영상 성전'을 건립하여 '순수 복음 방송을 하겠다'는 장로님의 소명이 살아 움직이는 믿음 보고의 장이기도 합니다. 감경철 장로님은 익숙함에 안주하는 것 대신 창의적인 지혜와 혜안으로 시대를 앞서 보면서 끝없이 도전했습니다.

세속 정신이 우리를 포위하고 있는 이때, 이 책을 통해 세상의 물결을 사명과 복음으로 거꾸로 헤치고 올라가는 연어의 몸짓과 부흥의 강력한 물맷돌이 날아가는 모습을 볼 수 있을 것입니다.

3부 부르심은 이어지고 125

단상 모음 177

　제 살아온 삶의 단편들을 잘라내고 이어 붙여 '내게 포기란 없다'라
는 이름의 조각 이불을 만들었습니다. 조각마다 색과 무늬가 다릅니다.
그 가운데에는 하나님과 저만 알고 있는 비밀의 조각도 섞여 있습니다.
이렇게 이어 붙이니 큰 그림이 보입니다.

　조각 이불은 치유와 회복의 상징입니다. 그래서 이 책이 서로의 흉
은 가려주고 냉랭한 곳은 따뜻하게 덥혀줄 수 있지 않을까 생각합니다.

　제 인생의 가파른 내리막길에서 저는 예수님을 만났습니다. 제가
광림교회에서 예비군 훈련을 받을 때 김선도 감독님의 강의를 들었습
니다. 그 후 저의 인생 궤도는 완전히 바뀌었습니다. 삶의 목표와 방식
도 바뀌었습니다.

이어 '예비군 장로'라는 별명을 얻었고, 장로가 되어 밧모섬으로 선교여행을 갔을 때 '1만 1천' 선교 비전을 품게 되었습니다. 그래서 중국 땅에 1만 명의 사역자를 세우고, 1천 교회를 세우겠다는 서원을 하게 되었습니다. 이 서원을 행하는 첫걸음으로 한국에 신학원을 설립했습니다. 그러나 중국 문이 닫히자 하나님은 아프리카에서 소명을 이어가게 하셨습니다. 아프리카 선교 사역에서는 이 철 감독님이 길잡이 역할을 하셨습니다.

이렇게 아프리카의 교육 선교를 통해 1만 1천의 비전은 이어졌고, 현재도 활발하게 진행 중입니다.

하나님의 부르심은 이어졌습니다. 하나님은 평생 사업만 해온 저를 부도난 CTS로 부르셨습니다. 제게 주신 달란트와 재물, 경영 훈련을 CTS를 살리는 데에 사용하게 하셨습니다. 마침내 하나님의 영상 성전인 CTS는 살아났고, 지금까지 순수 복음 방송, 섬김과 나눔의 방송. 세계를 교구로 하는 방송으로서의 소명을 잘 감당하게 하셨습니다. CTS의 사명은 곧 저의 소명입니다.

서둘러 지나온 길들을 되돌아보니, 지금 저는 전혀 서둘지 않는데 대신 시간이 서두르는 듯 빨리 지나갑니다. 모든 인간은 불완전하고 허물이 있습니다. 하나님 외에는 완전한 존재가 없습니다. 저의 삶 역시 마찬가지입니다. 그래서 그 어떠한 치장이나 덧칠하지 않고 있는 모습 그대로 섰습니다.

이 책에는 제가 예수님을 만난 이야기, 1만 1천의 선교 비전, CTS로 부르심을 받은 이야기, 다음 세대를 위한 1교회 1학교 세우기, 문화선교, 교육선교, 아프리카 선교, 저출생 극복과 돌봄, 그리고 현재 진행 중인 '아동 돌봄 정책 입법 서명운동' 이야기가 담겨 있습니다.

그리고 독자 여러분이 지루함을 느끼지 않도록 사이사이에 제가 살아온 날과 기억할 만한 에피소드를, 마무리 부분에는 그동안 저의 글과 강연 등을 간추린 '단상 모음'을 담았습니다. 이 모든 이야기 속에서 '하나님의 일하시는 손'이 드러나기를 바랍니다.

이제 『내게 포기란 없다』라는 조각 이불 위에 엎드려 주께 간구합니다.

"하나님, 저의 보잘것없는 글이지만 성령의 능력을 불어넣으셔서 읽는 이들을 통해 영광 받으소서!"

끝으로 CTS를 위해 그동안 많은 희생을 기꺼이 감수해온 믿음의 동지이자 사랑하는 아내 박양희 권사와 가족들, 그리고 CTS 동역자들과 작가에게 감사를 표합니다.

2024년 10월
감경철

● 1부 ●

부르심

'예비군 장로'라는 별명

세상 사람 모두의 삶은 한 편의 드라마이고 한 편의 소설이다. 그래서 복선이 있고, 반전이 있고, 위기와 절정이 있다. 이러한 요소가 많을수록 그 삶은 흥미롭고 의미 있지 않을까. 실제로 내 주변에는 다음과 같은 말을 하는 사람들이 꽤 있다.

"내 살아온 이야기를 책으로 엮으면 책 몇 권은 나올 거야."

나는 내 인생 속에서 소위 위기라고 했던 순간들을 떠올릴 때마다 미소가 지어진다. 그 당시에야 속이 새카맣게 탔겠지만 지금 돌아보니 그 위기들이 내 인생을 장식한 보석과 같기 때문이다. 특히 그리스도인에게 있어서 위기는 하나님을 가장 가까이 대할 기회다.

이제 내가 하나님을 만나고 인생은 변곡점을 맞이하게 된 극적인 이야기를 조심스레 펼쳐본다.

30대 중반까지 나는 사업의 성공과 돈을 쫓아 정신없이 달렸다. 처음에는 돈을 많이 벌어야겠다고 생각했다. 그런데 막상 장사도 하고 사업을 하다 보니 돈 자체보다 성취감이 안겨주는 기쁨이 훨씬 더 컸다. 성취감은 강력한 에너지가 되어 다시금 도전하게 했다. 그래서 나는 이 둘을 모두 얻기 위해 열심히 뛰었다.

그러나 돈이란 수단이지 목적은 아니다. 그래서 많은 이에게 유익하고, 영혼을 살리는 일에 필요한 돈은 하나님이 반드시 주신다. 나는 이것을 충분히 경험했다. 그래서 지금도 돈이 없어서 이 일을 못하느니, 저 일을 못하느니 하는 말은 하지 않는다.

사업은 승승장구했고 나는 날개를 활짝 펼치고 위로 날아올랐다. 이 당시에는 기업이 바로 나라는 생각으로 쉬지 않고 달렸다. 그야말로 별을 보면서 집을 나서면 통행금지 시간이 지나야 집에 들어갔다. 영업 담당자가 따로 없었기에 고객 접대도 내가 직접 해야 했다. 1차, 2차를 하다 보면 통행금지 시간이 임박해서 영동대교를 건너가곤 했다. 영동대교를 건너면 군인과 경찰초소가 있었다. 나중에는 그들과도 안면을 틀 정도였다.

그러다가 주요 정보를 접하게 되었다. 내용인즉 정부가 서울과 각 지역 산업단지를 잇는 도로를 확장할 예정이라는 것이었다. 나는 즉시 직원을 보내 전국 산업도로 망 근처의 산을 임대했다. 옥외광고는 누가 좋은 자리를 먼저 확보하느냐에 따라 승패가 판가름 나기 때문이다. 좋은 자리를 선점하면 자연 광고 물량도 꼬리를 물게 되어 있다. 그때 동종업계의 한 회사가 부도 위기에 처했다는 소식을 들었다. 나는 망설임 없이 그 회사와 직원을 모두 인수했다.

1979년 2차 오일 쇼크가 일어났다. 1979년 중동전이 벌어지면서 원유 채굴과 수송이 끊어지는 바람에 2차 오일 쇼크가 발생해 한국뿐 아니라 전 세계 경제가 흔들렸다. 국제유가는 배럴당 15달러 좀 넘던 것이 두 배 이상으로 뛰었다. 정부는 긴급수급조정명령을 발동했고, 네온사인 금지 등 강도 높은 제재를 가했다. 정부의 에너지 절약 정책으로 인해 기존 광고물도 다 철거해야 했다.

원래 기업은 경제 타격이 오면 광고 지출부터 줄인다. 그러다 보니 승승장구하던 내 사업도 직격탄을 맞았다. 광고시장은 위축되었고, 특히 개인 사업가들이 심한 몸살을 앓았다. 나라고 예외는 아니었다. 나는 이미 다른 업체를 인수했고, 위치 선점을 위해 전국 곳곳에 산야를 임대해 놓은 상태였다. 게다가 늘 욕심이 많은 나는 시장을 선점하기 위해 선 투자를 많이 해놓은 상태였다. 미리 선 투자를 한 후, 마케팅 영업을 해서 자금을 회수해야 제2의 다른 사업을 펼칠 수 있었다. 광고판을 세우고 돈만 받으면 되는 시점에 수요가 중단된 것이다. 그러니까 확보한 물건과 자산은 많은데 유통이 막힌 것이다.

6개월도 채 버티지 못한 채 흑자도산을 했다. 흑자도산이란 영업실적도 좋고 재무제표 상으로도 문제가 없으나 갑자기 자금변통이 안돼서 부도가 나는 것을 말한다. 즉 내가 가지고 있는 물건은 많이 있는데 이게 팔리지 않아 금융 부도가 나는 것이다. 해외에도 투자한 것이 있는 터라 원 달러 환율 폭등으로 인해 비참한 지경에 이르렀다. 설상가상 부정수표 단속법에 걸려 재판도 두 번이나 받아야 했다. 마냥 날아오를 줄 알았는데 내 날개는 녹아내렸고, 추락하기 시작했다.

어쩔 수 없이 살고 있던 주택도 다 날려버렸다. 처가 신세를 좀 질 수도 있었겠지만 내 자존심이 허락하지 않았다. 결국 아내와 3남매를 데리고 달동네 단칸방으로 이사했다.

· · ·

잘 나가던 사업이 부도가 나고 달동네에서 옹색한 생활이 시작되었다. 달동네, 요즘 세대에서는 달동네를 잘 모르는 사람들도 꽤 있을 것이다. 심지어 달동네를 체험하는 여행코스가 있을 정도이다.

달동네는 한국판 슬럼, 또는 빈민촌이다. 한국전쟁 이후 폐허 가운데 천막집을 짓고 사는 사람이 많았다. 밤에 잠을 자려고 누우면 천막 사이로 달이 보여서 달동네라는 말이 생겼다고 한다. 또 달을 보며 새벽에 출근하고, 늦은 밤에 달을 보고 퇴근하는 고된 인생을 대변하기도 한다. 또 '달'이 하늘의 달이 아니라 1년 열두 달을 의미한다는 해석도 있다. '달세'는 월세의 부산 사투리인데, 달세를 사는 사람이 모여 살아 달동네라고 부른다는 것이다. 해석이야 어찌 되었든 나의 달동네 생활은 풍비박산 났다는 것을 의미했다.

달동네 단칸방에서 다섯 가족이 생활을 시작했다. 역시 달동네는 주로 높은 지대에 있었기 때문에 달이 잘 보였다. 공용 수도에 공용 화장실을 사용했다. 변소라고 불렀던 화장실에는 아침마다 사람들이 줄지어 섰다. 아프리카를 방문할 때면 예전의 달동네 모습을 보게 된다. 눈만 뜨면 분통이 터졌다. 순풍을 만난 배처럼 잘 나가던 사업이었는데. 그 생각만 하면 살고 싶은 생각이 사라졌다. 그러나 내겐 부양해야 할 가족이 있었다. 나를 붙들고 있었던 것은 가장으로서의 책임감이었다.

달동네 생활을 시작한 지 1년쯤 지났을 때 예비군 훈련 통지서를 받았다. 장소는 강남구에 있는 광림교회였다. 80년대에는 교회와 공공시설에서 정훈훈련 교육을 실시하곤 했는데, 훈련 마지막 시간에 김선도 목사님의 강의가 있었다.

김선도 목사님은 감리교신학대를 졸업한 후 공군 군종장교로 복무하셨다. 복무 중 미국 유학을 가서 종교 교육학 석사학위를 취득하셨다. 유학을 마친 후에는 공군사관학교에서 군목 직을 수행하셨으며, 전역 후 광림교회 담임목사로 부임하셨다. 김선도 목사님은 군목시절부터 명설교가로 이름을 떨친 바 있다. 그리고 강의를 할 때마다 우리 안에 사용되지 않고 남아있는 무한한 가능성을 역설하시며 삶의 비전도 소망도 없는 많은 훈련자들에게 희망과 용기를 심어주었다.

그날의 강의 주제는 '도전정신과 긍정적인 자세'였다. 김선도 목사님은 "Never Give Up!(처칠 수상의 명언 인용)"을 거듭 외치셨다. 그 무렵 오일 쇼크의 여파로 힘들어하는 사람들이 많았던 터라 그런 주제를 택

했던 것 같다. 훈련받는 사람들은 모두 만 40대 미만으로 연령대도 다 비슷하고 처한 처지도 비슷했다.

나는 앞자리에 앉아 경청했다. 그때까지 나는 지푸라기라도 건지고 싶은 심정으로 간절했다. 어쩌면 내 마음이 가장 낮아졌을 때인지도 모른다. 그 당시 나는 교회나 기독교와는 별 상관이 없었으나 강의 내용은 내 귀에 꽂혔다. 그리고 교회에 나가기로 결심했다. 이것은 곧 우리 가족이 모두 기독교인이 되는 것을 의미했다. 아내에게는 불교에서 기독교로의 개종이었다. 처가는 독실한 불교 집안이었기 때문에 우리가 교회에 나갈 것이라는 사실을 알리는 것이 좋겠다고 생각했다.

나는 장인·장모님께 자초지종을 설명하면서 교회에 나가야겠다고 말씀드렸다. 선뜻 받아들이시는 것 같지는 않았으나 그렇다고 반대하지도 않으셨다. 출가외인이고 자녀들도 낳아 새 가정을 이루었으니 가장의 결정에 맡겨주신 것이다. 예나 지금이나 나는 일단 뜻을 정하면 즉시 실행에 옮긴다. 그래서 바로 다음 주에 우리 가족 5명은 광림교회에 새신자로 등록했다.

그 후 김선도 목사님은 강사초빙을 받아 전국 곳곳을 다니시면서 예화 가운데 내 이야기를 자주 하셨다고 한다. 우리 교회에 감 장로라는 예비군 장로가 한 분 있다고 하시면서. 그래서 내게 '예비군 장로'라는 별칭을 더해주셨다. 한번은 목사님의 설교를 들었던 사람이 내게 당신이 예비군 장로가 맞느냐고 묻는 일도 있었다.

사업하느라 정신없이 뛰어다닐 때에는 아이들의 얼굴을 볼 새도 없었다. 그러나 함께 교회를 다니다 보니 새로운 기쁨을 느낄 수 있었다. 예배를 마친 후 가족이 함께 식사를 하게 된 것이다. 아이들에게 뭐가 먹고 싶으냐고 물었더니 '짜장면'이라고 답했다. 마침 교회 앞에 아주 깔끔한 중식당이 하나 있어서 큰 돈 들이지 않고도 가족들이 주일마다 외식파티를 즐길 수 있었다. 이전에는 느껴보지 못한 가족의 화합과 화평을 만끽했다. 주님을 영접한 이후 생각지도 못했던 선물을 줄줄이 받게 된 것이다.

'만일 내가 그날 광림교회에서 예비군 훈련을 받지 않았더라면?
김선도 목사님의 강의를 듣지 않았더라면?
나는 여전히 사업을 계속하면서 내 성취감에 스스로 만족하고 살지 않았을까?

그러나 특정 시간, 특정 장소에 있다가 내 삶 전체가 바뀌었으니 우연의 힘은 정말 막강하다. 그러나 내가 하나님을 믿고 난 뒤에는 이것이 세상 사람들이 말하는 우연이 아니라 하나님의 예비하심, 인도하심, 부르심임을 깨닫게 되었다.

'하나님은 줄곧 나를 기다리셨구나.'

앞으로 내가 이 땅에 얼마나 머물지는 모르겠지만 하나님이 허락하신 우연 속에서 그분의 뜻을 이루며 살고 싶다.

장로 장립시 반지를 끼워주는 김선도 감독

그런데 '예비군 장로 1호'인 내게 후배가 생겼다. '예비군 장로 2호'가 탄생했다. 현재 장로회 회장을 맡고 있는 그는 바로 '담터' 장세근 회장이다.

인생의 바람이 드세지고 빗줄기가 강해졌던 시기에 나는 많은 것을 잃었지만 얻은 것이 더 많았다. 여하튼 부도 여파로 한 1년간을 호되게 고생했다. 이 기간이 내게는 연단의 시기였고, 그 연단이 없었더라면 이 자리에 서 있을 수 없었을 것이다. 그러나 이러한 위기 속에서 비로소 하나님을 만날 수 있었고, '예비군 장로'라는 별명까지 얻게 되었으니 말 그대로 위기가 내게는 축복이었다.

청년 사업가

• • •

대학을 졸업하고 직장생활을 좀 하다가 본격적으로 창업을 시작했다. 그 당시에는 지금과 같은 청년창업지원금 같은 것이 없었다. 언제부터인가 정부는 청년 창업 활성화를 위한 다양한 정책을 선보이고 있다. 창업교육, 공간지원, 마케팅, 사업자금, 경영코칭, 판로개척 등 지원 분야도 다양하다. 또 인터넷 시대이다 보니 관련 포털사이트에 접속하여 쉽게 정보를 접할 수 있고, 신청도 할 수 있다.

내가 청년이었을 때를 생각하면 완전히 딴 세상이 되었다. 나는 대학 졸업 후 직장생활을 좀 하다가 곧바로 창업했다. 청년 스타트업 지원금 같은 용어 자체가 없었던 때였기에 최소한의 자본금과 최소의 인력으로 할 만한 사업을 찾다가 자그마한 옥외광고사업을 하게 되었다. 네온사인과 간판을 제작해주는 영세업체였다. 회사명은 '동일광고'로 지었다. 이 이름에는 내 꿈이 담겨 있었다.

명색이 사장이지만 온갖 일을 나 혼자 해냈다. 일을 맡으면 전국 어디든 찾아가서 설치해야 했다. 창업 후 6-7년이 지났을 때, 고객확보를 위해 타깃을 수정하게 되었다.

사업이 성장하려면 일단 큼지막한 일감을 따내야 한다. 이를 위해 나는 영업부장 역할을 해야 했다. 대우, 럭키금성 등 그 당시 대기업의 홍보 책임자를 매일 찾아갔다. 내 유일한 무기는 끈기였다. 날이면 날마다 찾아갔다. 두어 달 지나니 그제야 내 존재를 의식하고 아는 체를 해주었고, 그 다음에는 작은 일을 맡기기 시작했다.

옥외광고는 가장 오래된 광고 형태다. 간판, 현수막, 벽보에서 거리의 네온사인, 고속도로변의 야립 간판, 지하철광고, 공항광고 등이 모두 옥외광고에 속한다. 지나가는 사람들이 반복적으로 광고를 보게 하는 것이 주목표다. 우리나라에서 옥외광고가 본격적으로 시작될 때는 1970년대다. 경부고속도로 개통과 함께 고속도로변에 야립 간판을 세울 수 있게 되었기 때문이다. 1977년 한 해에 세워진 야립 광고만 해도 150개가 넘었다. 내 나이 30대 중반이었을 때, 재벌 대기업 광고 납품까지 하게 되었다. 광고업체 숫자가 크고 작은 중소기업으로부터 큰 기업에 이르기까지 전국적으로는 2만 개가 넘었다.

이렇게 시작한 광고사업이 창업 6~7년 만에 옥외광고 업계에서 1군 회사로 100위 안에 들어갈 정도로 성장했다. 사업 성공의 비결을 종종 묻는 이가 있다. 그때마다 내 대답은 같다. 사업 성공의 비결은 한마디로 하나님의 도우심이라고 답할 수 있겠지만 이것은 우리 믿는 사람들끼리만 통용되는 말이다. 그래서 객관적인 요인을 내 안과 밖에서 찾아보았다.

사람마다 갖고 태어난 재주가 있다. 본인이 알든 모르든 하나님은 각 사람에게 달란트를 주셨다. 내겐 무엇을 주셨을까? 그때나 지금이나 나는 다른 사람들이 보지 못하는 것을 본다. 주변 사람들도 이 점을 인정한다. 그러니까 하나님은 내게 창의적인 지혜를 주신 것이다. 거기에 앞을 내다보는 안목을 주셨다. 더 나아가 비전을 현실화시킬 수 있는 추진력을 주셨다. 뒤늦게야 이 모두가 하나님의 은혜의 선물이라는 것을 깨달았지만 말이다.

외적 요인으로는 시대상을 들 수 있겠다. 70년대 고속도로와 산업도로의 건설 열기는 내 사업에 호재였다. 야립 광고의 수요가 늘어나면서 사업 규모도 커지기 시작했다. 경부고속도로, 경인고속도로 야립 광고도 능력껏 도맡았다.

이러한 성장은 학연이나 지연, 인맥과는 전혀 관계가 없다. 나는 소위 스카이 대학으로 일컫는 대학 출신이 아니다. 내세울 인맥도 없다. 감 씨 성이 귀하다 보니 일가친척도 그리 많지 않았다. 그야말로 흙수저로서 오로지 믿음과 열정으로 창업하고 열심히 뛰었을 뿐이다. 거기에 덧붙일 것이 있다면 무엇이든 긍정적 사고, 새로운 시각으로 대한다는 것이리라. 요즈음 청년들에게 자주 하는 말이 있다. 문을 제대로 두드려보지도 않고 안 된다는 말은 하지 말라는 것이다.

구약성경 시대부터 역사는 꿈꾸는 자에 의해 빚어지고 변화되었다. 시골에서 맨 손으로 상경한 나에게 아직 신앙은 없었지만 크게 성공하겠다는 꿈이 있었다. 공부를 하면서 꿈도 구체화되고 자신감도 더해졌다. 그 꿈이 실현되는 상상을 할 때마다 가슴이 고동쳤다.

예컨대 옥외광고나 카트광고나 일단 사람들의 눈길을 끌어야 한다. 사람들의 눈길을 끌기 위해서는 사람들의 마음을 잘 읽어야 한다. 다수가 하는 대로 따라만 가면 절대 우위에 설 수 없다. 아주 사소한 것이라도 나만의 안목과 창의성이 필요하다. 창의성을 날 때부터 가지고 태어난 사람이 있지만 그것이 빛을 발하려면 꾸준한 갈무리가 필요하다. 주변의 사물을 그냥 대충 보고 지나치지 않아야 한다. 사물의 원래 용도 외의 다른 용도를 상상해보는 것도 좋은 방법이다.

또 일상에서 불편한 것이나 비효율적이라는 것을 발견하면 개선책을 생각해보는 것은 어떨까? 사람들에게 애물단지처럼 여겨지던 것도 약간의 변화를 주면 새로운 것으로 재탄생한다. 이런 식으로 생각이 꼬리에 꼬리를 물다 보면 무궁무진한 사업 아이템이 탄생한다. 이 모든 것이 혁신의 시작이고 모판이다. 혁신을 마스터하기 위해 반드시 MBA 과정을 거치지 않아도 된다. 혁신의 아이템은 우리 일상 곳곳에서 누구나 언제든지 실행할 수 있다.

현실이라는 체스판에서 여러 고수를 만나면서 늘 한 수 앞서 볼 수 있는 감각을 키워나갈 필요가 있다. 그렇지 않으면 눈앞에 보이는 작은 이익 때문에 큰 것을 놓칠 수 있기 때문이다. 만일 여기에 믿음이 더해지면, 영적 감각이 생기고 더 큰 것들을 볼 수 있다. 결국 사업의 비결은 위대한 하나님을 영적 멘토로 삼는 것이다.

도전은 계속되고

쫄딱 망한 사업을 다시 일으키는 데 불과 4-5년밖에 걸리지 않았다. 김포공항 도로변 광고가 아직 남아있어서 그것이 종자돈이 되었다. 이어 아시안 게임과 올림픽 특수를 누리게 되었다. 입찰 과정에서도 기적 같은 일을 체험했다. 그 누가 보더라도 기적이 아닐 수 없다.

부도 이후 남아있던 (판매되지 않았던) 물건들이 있었다. 이를테면 경부고속도로변과 김포공항 가는 도로변의 광고물이다. 이곳은 황금 광고 입지라고 할 수 있다. 부도 이후 사태를 수습하고 나서도 그 광고물은 그대로 있었다. 그래서 이것이 재기를 위한 종자돈이 되었다.

무엇보다 내가 다시 일어서는 데 힘이 되었던 것은 주위의 위로와 격려였다. 젊은 나이에 대표이사라는 명함을 가지고 사업을 펼쳐 나가면서 늘 신의를 지켰다. 이것이 보이지 않는 자산이 되었다. 그래서 내가 재기할 것을 믿는다며 일을 맡겨주기도 했다. 제24회 올림픽 경기가 1988년 서울에서 개최되었다. 그때만 해도 우리나라에서 올림픽 경기를 치른다는 것 자체를 믿기 힘들어하던 사람들이 많았다.

당시 정부는 올림픽을 유치하면서 올림픽 기금을 조성하기 위해 경쟁 입찰을 통해 사업 분야별로 대행업체를 선정했다. 광고를 통해 그 기금의 일부를 마련하기로 하고, 야립 광고, 전광판, 네온 광고 등의 대행업체를 공개 입찰했다. 전국적으로 올림픽 기간 중 독점 설치 운영권을 놓고 경쟁 입찰했다. 입찰에 참여하려면 어느 정도의 자격요건을 갖추어야 했다. 나 역시 입찰에 참여하기를 원했다. 부도 후유증이 남아 있던 터라 쉽지 않았다. 그래서 우선 전국의 도로망을 중심으로 야립 광고물을 내가 대표를 맡고 몇몇 동업자들과 별도 법인을 설립한 후 컨소시엄 형태로 입찰에 참여했다.

그동안 광고사업을 하면서 광고의 문제점이라든가 장단점, 마케팅 등에 대해 잘 알고 있었기에 나만의 전략을 구사할 수 있었다. 또한 전광판, 네온사인, 대형 광고물 입찰은 설치물량(기)에 기당 단가를 곱한다. 그런데 나에게는 나만의 계산 방법이 있었다. 계산 방법이라기보다는 사고의 전환이다. 건물 옥상에 세우는 전광판 한 개를 한 기(1기)라고 말한다. 그러나 나에게는 1기가 곧 3기의 의미를 지녔다. 더 나아가 4기도 만들 수 있었다. 전광판을 평면으로만 보지 않고 입체로 만들 생각을 했기 때문이다. 이것은 곧 매출도 3배 4배로 늘어난다는 것을 의미했다. 1차원적 사고에서 3차원적 사고로의 도약이다.

어쨌든 한 기당 3면씩 해서 사업계획을 세운 후 1차 10기에 대한 입찰 금액을 기준보다 10-40% 높여 24억 원으로 정했다. 나중에 알고 보니 다른 경쟁사들은 평균 10억, 많아야 11-12억 원을 써넣었다고 했다. 나는 그들보다 거의 2배에 달하는 액수를 썼으니 당연히 낙찰되지 않았겠는가. 그 당시 24억은 어마어마한 돈이다. 그 당시 4억 원이면 테헤란 대로변 땅을 100평 이상 살 수 있었으니 현재 시가로는 40억 원 이상일 것이다.

다른 사람들 눈에는 잘 안 보이는 것들을 보여주셔서 여하튼 낙찰되었다. 경쟁에 뛰어든 업체 가운데는 제일기획, LG, 롯데처럼 내로라하는 대기업 계열사들도 함께 참여했었다. 일단 낙찰이 되면 올림픽 경기가 끝나고 2년 후인 1990년까지 일정 사업권에 대한 독점권을 갖게 된다. 전국 어디든 사업권을 확보할 권한이 생긴 것이다. 독점권을 올림픽이 끝날 때까지, 설치물을 다 철거할 때까지는 대한민국 어느 곳에든지 독점으로 사업할 권한을 주는 것이다. 지금 생각하면 황당한 면도 있겠지만 그 당시에는 사업하기에 아주 좋은 여건이었다.

한 1년간은 코카콜라, 펩시콜라, 코닥 필름 등 다국적 기업의 광고를 했다. 올림픽 개최지마다 일종의 소모품처럼 광고하는 것은 다국적 기업의 특성이기 때문이다. 한 면에는 코카콜라, 다른 한 면은 가전 회사 광고를 하는 식으로 광고주가 다른 광고물로 3차원적 광고를 했다.

· · ·

그러나 낙찰되었다는 것은 이제 시작일 뿐 성공이 보장된 것은 아니다. 올림픽 기금은 계속 내야하고 갈 길은 여전히 멀고 험했다. 이번에도 하나님께 매달릴 수밖에 없었다.

예전에 박정희 대통령 시절의 에너지 전략 때문에 네온사인 같은 것들이 모두 철거되었던 일이 사람들의 기억에 아직 남아있었다. 이번에도 올림픽이 끝나고 나면 모두 철거할 것이라는 생각에 구매자가 나서지 않았다. 판매에 어려움을 겪고 있던 나에게 하나님께서 내게 지혜를 주셨다. 판매 대신 리스 또는 렌탈 방식으로 거래를 하고 4년간 AS를 내가 책임지겠다는 제안을 했다. 이 제안은 받아들여졌다.

게다가 광고는 단기간인데 광고료는 비쌌다. 입찰 보증금도 만만치 않은데, 광고주를 못 찾으니 여러모로 압박을 느꼈다. 이러한 상황을 알아챈 동종업계 경쟁사들 사이에서는 나에 관한 이야기가 번져나갔다. 내용인즉 감 사장이 욕심을 부리더니 또 부도가 나겠다는 것이다.

또 기술 및 하드웨어와 관련된 문제점도 있었다. 오일 쇼크 이후 도시에 대형 네온사인의 불빛이 꺼진 지 오래다 보니 마케팅이 힘들었다. 그 사이 전광 기술이 퇴보했고 대형 광고물을 제작할 수 있는 공장 설비도 신통치 않았다. 그뿐이랴 작업시간도 또 다른 장애물이었다. 광고물 한 기를 세우려면 평균 6개월이 소요된다. 그런데 10기를 낙찰 받았으니 얼마나 많은 시간이 필요하겠는가?

하나님 앞에 무릎 꿇고 매달리는 가운데 한 가지 아이디어가 떠올랐다. '일단 강남에서 제일 좋은 건물을 골라 광고할 자리를 잡아라. 재벌 총수가 출퇴근할 때 지나는 길을 알아보라. 선투자 광고를 해라.'

어느 날 당시 대우그룹의 김 회장님이 자택인 방배동에서 시내 본사로 출퇴근하는 길에 고속버스터미널 근처 사거리를 항상 지난다는 것을 알게 되었다. 그래서 사거리 모퉁이에 있는 건물의 옥상을 임대하라고 지시했다. 그리고 가능한 한 최대 크기의 구조물을 설치했다.

보통 건물 높이가 7–10층 정도인데 광고물 높이는 7층 높이였다. 멀리서 보면 그리 크게 보이지 않지만 실제로는 상당히 크다. 그리고 위치가 워낙 좋은 곳이라 번쩍이는 광고판 불빛이 3km 밖에서도 보인다.

그리고 대우그룹 광고 팀에 제안했다. 무료로 광고판 제작과 설치를 해주겠으니 광고 디자인만 달라고 졸라서 디자인을 받아냈다.

4면의 입체 구조물을 설치했다. 구조물은 하나이나 광고 면은 4개다. 이제 점등식을 할 차례다. 언제, 어떻게 점등식을 하느냐는 매우 중요했다. 그렇지만 이 광고주는 실체가 없다. 즉 대우 측에서 의뢰한 광고가 아니다. 만일 이 광고가 성공한다면, 즉 대우 측 마음에 든다면 나비효과를 불러일으켜 탄탄대로가 열릴 것이다. 그러나 실패한다면 올림픽 기금도 못 내고 또다시 큰일을 당하게 될 것이다. 이렇듯 아슬아슬한 상황에서 아내와 나는 기도의 끈을 놓지 않았다. 아내는 나보다 더 열심히 기도했다.

드디어 점등식 날짜를 정했다. 일단 방송과 언론 매체를 다 초청했다. 그리고 올림픽 조직위원회, 서울시, 주무 관청들을 초청했다. 그리고 간단하게나마 파티할 장소도 준비했다.

그날 저녁 모든 공중파 뉴스에서 서울 올림픽을 앞두고 최초의 광고물로 소개되었다. 전략대로 된 것이다. 물론 초청할 때 이러한 결과를 염두에 두고는 있었지만, 기대 이상으로 홍보가 잘되었다. 마케팅 비용도 크게 들이지 않고 사업을 잘 마친 것이다.

다음 날 조간신문을 비롯한 주간신문에까지 계속 기사가 나갔다. 불빛이 움직이며 찬란하게 빛나는 모습이 시선을 끌기에 충분했다. 그러다 보니 판도가 완전히 바뀌어 이번에는 기업들끼리 서로 좋은 자리에 광고하겠다고 경쟁이 붙었다.

• • •

김 회장님이 퇴근길에 이 광고판을 보게 되었다. 어둠 속에서 화려한 빛을 발하는 그 광고판은 다름 아닌 대우그룹 것이었다. 아니나 다를까 김 회장님은 다음날 즉시 관련 사장과 임원을 불러 광고판에 관해 물었다. 올림픽 광고 대행하는 업체에서 무료로 광고를 해 준 것이라고, 하지 말라고 했는데 그렇게 하고 말았다고 자초지종을 설명한 모양이다.

의외로 김 회장님은 광고에 대해 흡족한 의사를 표했다고 했다. 이러한 사실을 전해들은 나는 담당자를 찾아 광고하려면 빨리하라고 말했다. 아니면 다른 기업에 넘어갈 것이라며 큰소리도 쳤다. 그 결과 대우와 올림픽 전광판 광고하기로 잠정적 계약을 했다. 그러나 경제적 부담이 크다는 것이 여전히 걸림돌이었다.

그러나 앞서 이미 말했듯이 하나님이 주신 지혜, 곧 광고물 판매가 아니라 리스로 광고주를 유치하는 전략을 구사했다. 이러한 전략은 광고업계에 처음 등장하는 마케팅 전략이다. 리스하면 광고물의 소유주는 기업이 아니라 내가 된다. 내가 소유주가 되면 제작조건이나 비용관리에 있어 유리한 점이 많다. 이러한 계약은 광고업계에서 유통 혁명을 일으킨 것이다. 쉽게 말해서 올림픽 경기 이전만 해도 광고주가 광고물을 매입한 뒤 디자인도 변경하여 사용하고 AS만 광고 업체에 맡겼다. 그런데 올림픽 광고 대행 사업에서는 광고주가 을이 되고 광고 회사가 갑의 자리를 차지하게 되었기 때문이다. 4-6개월치 선수금을 받거나 매월 받기로 했다. 이렇게 하니 액수는 적어도 다달이 고정 수입이 생겼다.

대우를 시작으로 빠른 속도로 막혔던 일이 풀리기 시작했다. 삼성, 금성(LG)과 같은 대기업들로부터 일을 맡게 되었다. 일이 많아지기 시작하니 하청을 주기도 했다. 대형 광고물을 설치하는 것은 위험 요소가 많이 도사리고 있다. 무엇보다 안전 문제가 제일 중요하다. 광고물을 기중기로 옥상까지 들어 올려서 설치하는 것이 아니라 힘도 많이 들었다. 자체 발전기를 돌리고 밧줄로 광고물을 들어 올렸다. 그런데도 큰 사고가 한 번도 나지 않았다는 것이 놀랍고 감사하다.

사업을 하면 실패도 하고, 어려움도 겪겠지만 진심으로 온 맘과 뜻과 정성을 다하면 언젠가는 성공한다고 나는 확신한다. 거기에 하나님이 동행하시고 눈동자처럼 보호해 주신다면 무엇이 두렵겠는가!

서울역 앞에 LG의 선전탑 설립을 맡았다. 높이가 20미터나 되는 탑을 세운다는 것은 쉬운 일이 아니었다. 게다가 작업시간이 제한되어 있었다. 사람들이 많이 오가는 곳이라서 낮에는 공사를 할 수 없었다. 그 당시에는 통금제도(야간통행 금지: 해방 직후부터 시작되어 1982년에야 폐지되었다.)가 있었다. 통금시간은 자정에서 다음 날 새벽 4시까지였다. 그래서 밤마다 작업을 하다가 통금이 풀리는 시간이 되면 얼른 작업을 철수해야 했다. 그리고 다시 밤이 되면 옮겨서 작업을 이어갔다.

얼마나 힘들고 위험한 일인지 모른다. 그러나 이 일을 놓치면 끝이라는 생각에 머리를 쥐어짜 광고탑을 세웠다. 반대로 이 일만 잘해내면 탄탄대로가 열릴 것이라는 기대가 있었다. 동일광고의 첫 작품인 광고탑 건설은 성공적이었다. 역시 추측한 대로 일감들이 줄을 이었다.

럭키그룹(럭키금성그룹으로도 불렸으며 현재의 LG), 대우를 포함하여 내로라하는 화장품, 타이어 회사의 옥외광고를 도맡았다. 그 당시 가전 3사의 옥외광고를 거의 전담했다고 할 수 있다. 그 결과 창업 6-7년 만에 옥외광고업계 1군 회사로 자리매김했다.

대한전선 전국 대리점 간판과 광고를 대우전자로 바꾸어 제작하는 일을 맡게 되었다. 이 일은 사업을 다시 일으키는 데 큰 힘이 되었다. 결국 3년이 지나지 않아 사업은 예전 수준으로 거의 회복되었다. 부도 난 회사가 이전의 고객을 하나도 잃지 않고 그대로 유지할 수 있었다는 것은 사업해 본 사람이라면 거짓말 같은 일일 것이다.

올림픽 광고계약 부지가 한 개 밖에 남지 않았다. 그 가운데 하나가 김포공항이다. 일반적으로 한 기, 즉 한 면 광고를 신청한다. 그러나 내 머릿속에는 4면이 그려지고 있었다. 한 면은 캠페인, 다른 한 면은 네 온사인 광고를 하더라도 두 면이 남는다. 그런데 공항 측에서는 펄쩍 뛰었다. 한 기 광고를 허가했는데 한 면만 사용해야 하지 않느냐는 것 이다. 그렇게 1면만 고집한다면 4면 광고를 병풍처럼 제작하여 쫙 펼 치면 1면으로 볼 수 있지 않겠는가? 더구나 한 기라는 규정이 있을 뿐 크기에 대한 구체적인 규격은 정해지지 않은 상태였다. 그 당시 정부에 서는 한 기당 일정 기금을 거두었다.

결국 한 기에 대한 용어 해석 문제였다. 광고물 하나를 1면, 2면, 3면, 아니면 4면으로 만들어도 한 기임은 틀림없고, 정부에 내는 기금 은 똑같다는 이야기다. 그러나 내 뜻을 관철하는 데에는 무리가 있었 다. 그래서 한 걸음 양보해서 3면으로 제작하기로 했다. 여하튼 허가받 는 과정이 순탄치 않았지만 결과는 만족했다. 올림픽 경기를 치르는 도 시의 야간조명을 위해 전국에 10기를 추가 계약하여 올림픽 개막전에 완판 설치했다. 이 모두가 하나님의 은혜임을 고백한다.

지난 이야기 _ 어린 나무꾼의 경영

• • •

　나이가 어렸던 탓에 일본에 대한 기억은 없다. 그러나 한국에 온 후 시골 생활의 단편들은 얼핏얼핏 떠오른다. 겨울철이면 아침 일찍부터 아궁이에서 나무 타던 냄새가 아직도 생생하다. 그 당시엔 어린아이들도 일해야 했다. 우리 집에는 소 한 마리와 소달구지가 있었다. 초등학교 시절 나는 형님과 함께 나무하러 다녔다. 형이나 나나 초등학교 다닐 때부터 집안일을 도왔다. 아궁이에 불도 때고 소먹이도 먹였다.

　겨울철이면 큰 가마솥에 가득 소 먹을 죽(여물)을 쒔다. 물을 넉넉히 넣은 가마솥에 마른 볏짚, 콩깍지, 고구마 줄기, 옥수숫대 등을 넣어 끓인다. 소의 덩치만큼 먹는 양도 어마어마했다. 아마 이 시대를 시골에서 보낸 사람들이라면 춥고 가난하고, 그러나 뭔지 모르게 정감 있는 기억을 공유하리라. 예컨대 소를 먹이는 일, 땔감 나무를 주워오는 일들은 주로 아이들이 도맡았다. 소여물을 끓인 후에야 학교에 가는 아이들도 한둘이 아니었다.

　이렇듯 여물을 끓이려면 땔감이 많이 들어갔다. 연탄이 있었던 것도 아니니 아무래도 나무가 많이 필요했다. 그 무렵 벌목이 대대적으로 행해졌기에 산마다 벌거숭이가 되었다. 벌목 후 남아있는 나무뿌리를 캐서 말린 후 땔감으로 사용했다. 소나무 열매 역시 좋은 땔감이었다. 말라비틀어진 자잘한 가지보다 나무뿌리는 아주 실했다. 이렇게 캐고 주워 모은 것들을 지게에 잔뜩 지고 오곤 했다. 초등학교 시절이었으니 어리기도 하고 몸집도 얼마나 작았겠는가? 그래도 하나라도 더 모으려고 욕심을 부리다 보니 힘이 많이 들었다.

우리 동네는 마산에서 제일 높은 산 밑에 있었다. 산에서 집까지 지게를 진 채 거의 3km는 걸어야 했다. 특히 학교를 가지 않는 일요일이면 평소보다 더 많은 양을 날라야 했다. 적어도 두세 짐을 지고 오가야 했다.

어떻게 하면 힘을 덜 들이고 더 많은 땔감을 나를 수 있을까 생각했다. 마침 우리 집에 달구지가 있었다. 그래서 우리 집에서 일하는 머슴에게 말했다.

"다음에 나무하러 갈 때는 아예 소달구지를 끌고 가요."

이렇게 모은 땔감을 산더미처럼 쌓아 놓으면 뿌듯하기 그지없었다. 소도 먹이고 식구들도 따뜻하게 지낼 수 있기 때문이다. 지금 생각해보니 이것도 경영 효율성의 한 부분이었던 같다.

사업의 비결을 묻는 이들에게

창의력과 도전의식

• • •

지인들 가운데 내 사업 성공의 모멘텀을 공항 푸시 카트라고 말하는 사람이 있다. 나름 일리가 있는 말이다.

예전 김포공항은 국내선 국제선 다 합쳐도 청사가 아주 작았다. 지금에 비교하면 마치 판잣집 같다고나 할까. 새로 짓고 난 후에나 제법 공항다운 모습을 지니게 되어 국내선, 국제선 청사 이름도 제1터미널, 제2터미널 하는 식으로 바뀌었다.

사실 김포공항은 일제강점기 때 일본군 비행 훈련장이었다. 해방 이후에는 미군의 비행장으로 이용되었다. 서울이 함락되었을 때 북한 공군이 잠시 이용하기도 했다. 서울 탈환 후 다시 한국군과 유엔군이 차지했다. 이제 그 공항이 대한민국의 정치·경제발전과 함께 위상도 달라진 것이다.

1980년대 후반부터 한국을 방문하는 외국인들이 늘어났고, 해외여
행 자유화로 항공 수요가 폭발 직전에 이르렀다. 그리하여 인천국제공
항이 건설되었다. 그 후 김포공항은 국내선 전용 공항이 되었다. 그러
나 국제선이 다 빠지고 나니 활주로가 텅 비어 예산 낭비라는 지적이
나왔다. 결국 2003년부터 국제선 기능이 부활하고 늘어나기 시작했고,
지금은 수도권 제2의 국제공항이 되었다.

내가 공항 카트 광고를 구상할 당시에는 국제선이 한창 붐볐다. 항
공 수요가 늘어나면서 서비스 개선이 절실했다. 공항의 위상이 달라졌
으니 서비스 수준 또한 업그레이드되어야 마땅했다. 그때만 해도 바퀴
달린 여행용 가방이 드물었다. 그래서 부득이 짐을 공항 카트에 싣고

국내 최초 김포공항 내 카트 광고

체크인하는 데까지 가야 했다. 표를 받고 탑승하고 나면 끝이기 때문에 사용한 카트는 여기저기 방치된다. 그래서 이 카트를 제 자리에 가져다 놓고 재정렬시키는 큰 인력이 필요했다. 공항 안과 밖 곳곳에 카트가 놓여 있기 때문이다.

이 인력과 공항 카트 무상공급을 우리 회사가 전담하기로 하고, 공

김포공항 내 삼성과 금성사 카트 광고

항 푸시 카트 광고사업을 하게 해달라고 당시 교통부 항공국에 요청했다. 허가를 받는 것이 쉽지 않았다.

나는 다음과 같은 제안으로 열심히 설득했다. "허가만 해준다면 고객 서비스도 증대할 것이고 국가 예산도 줄일 수 있다. 사후관리도 다 책임질 것이다. 대신 카트에 광고판만 붙이게 해 달라. 광고판 하나 붙인다는데 공항 측에서는 별 손해를 볼 것도 없지 않느냐. 광고판을 붙이면 짐이 빠지거나 넘어지지 않을 테니 사용자에게도 좋지 않으냐.

이를 위해 한두 번 방문했으나 관계자들(그 당시엔 공무원들)은 들은 척도 안 했다. 열 번쯤 찾아가니까 그제야 사업계획서를 내보라고 했다. 자꾸 찾아오는 것이 귀찮았던 모양이다.

그 무렵(1982.10.14.) 나는 컨트리클럽에서 'HOLE IN ONE' 트로피를 받는데 이 일 이후 공항 카트 허가도 받아 여러모로 감사했다.

허가를 받고 나서 김포공항의 카트는 모두 우리 회사가 납품하게 되었다. 그리고 100여 명의 우리 직원이 김포공항에서 일했다. 제주도 공항에도 십여 명이 파견되어 공항 카트 정리·수리 등의 일을 했다. 그당시 독일에서 일부 수입한 카트를 사용했다. 그러나 우리 회사가 디자인하고 우리 철공기술로 다시 만들어서 납품했다.

제작과 서비스 사업을 동시에 한 것이다. 사업이 잘되니 점점 더 욕심이 생겨서 서울만 아니고 부산, 제주, 대구, 광주, 심지어 속초까지 전국을 다 커버했다. 그 다음에는 우리나라와 막 수교한 러시아의 모스크바·중국의 북경·상해·베트남의 호치민·하노이 공항에 납품광고 대행 사업을 확장해 나갔다.

공항 카트 사업을 생각하게 된 계기가 있다. 그 무렵 나는 「Japan 팝」이라는 잡지를 정기구독하고 있었다. 어느 날 잡지를 집어 들었는데 일본 나리타공항 개항과 관련 기사 하단에 실린 H사 광고에 눈길이 갔다. 이 회사는 네온사인과 교통 광고를 전문으로 하는 업체였는데 나리타공항의 광고 프로젝트를 도맡아 했다.

그냥 스치고 갈만한 기사에 왜 눈길이 꽂혔는지 모르지만 내 머리 속엔 반짝 아이디어가 떠올랐고, 나는 그 아이디어를 현실화하기 위해 즉시 일본으로 날아갔다. 그리고 나리타공항 카트를 벤치마킹했다.

나중에 「코리아 팝」 잡지도 발행하여 여러 가지 정보를 전달했다. 일본의 내용을 번역해서 사용하기보다는 우리만의 콘텐츠를 섞어 넣으며 한국식으로 재해석했다.

공항 카트 사업을 통해 어려움을 극복하고 새로운 기회를 창출할 수 있었다는 점에서, 그 시절은 나에게 매우 의미 있는 시간이었다.

● ● ●

서울 올림픽 대회가 끝난 후 경제성장과 함께 옥외광고 시장도 팽창했다. 한국광고사업협회 회장직을 맡은 나는 무엇보다 영세하고 소외당하던 옥외광고에 대한 인식을 불식시키는 데에 주력했다. 아울러 국제화의 디딤돌을 마련하겠다고 다짐했다. 회장직을 6년간 하면서 '광고회사역사박물관'을 구상하기도 했다.

내겐 산업도로 입간판, 공항 푸시 카트 사업을 하면서 쌓인 경험과 아이디어가 있었다. 그래서 이번에는 옥외광고 시장의 잠재력을 끌어내고 싶었다. 옥외광고 시장은 방대하나 정부·국민의 인식 부족으로 정상적인 사업으로 자리매김하지 못하는 것이 안타까웠기 때문이다.

한 예로 옥외 광고물 등 관리에 관한 법률은 네온사인이나 옥외 간판을 과소비 조장 품목으로 몰아붙이거나 지나치게 억제했다. 사실 우리 한국인의 자랑거리 가운데 하나가 손재주임에도 불구하고 이러한 법적제재로 인해 다른 선진국과의 경쟁에서 밀리곤 했다. 어떻게 해서라도 이러한 현실을 알리기 위해 언론사와의 인터뷰도 기꺼이 응했다. 이를 위해 1회 옥내외광고물 전시회를 코엑스(COEX)에서 개최했다. 그리고 그 결과를 평가한 후 2회 행사 때에는 외국업체들에도 참가를 개방해 영세업체들에 수출문호를 터줄 계획이라고 언론에 밝혔다.

트렌드를 읽다

• • •

1995년에는 올림픽 광고로 광고 산업 성장에 기여한 공로로 국민훈장목련장을 받게 되었다. 이 무렵 나는 한국 광고업계에 혁신적인 바람을 일으키며 사업가로 승승장구했다. 회사를 더 키워보겠다는 욕심으로 골프장 건설을 생각했다.

나는 30대 초반부터 사업
상 골프를 시작했다. 내가 골
프장 사업을 시작할 당시 노태
우 정권은 골프장 사업을 적극
추진했다. 골프장 건설 규제
를 완화하고 골프장 건설 지원
정책을 시행했다. 올림픽이
끝날 무렵만 해도 전국에 골프
장이 몇 개 없었다.

1996년 국민훈장목련장 수상

나도 골프장을 하나 해야
겠다고 작정하고 임야를 사 모
으기 시작했다. 골프장 건설
은 사실 자본금 부담이 큰 사업인데, 올림픽 광고사업의 성공이 큰 힘
이 되었다.

과거에는 골프는 상류층이 즐기는 스포츠라는 인식이 있었다. 그러
나 지금은 골프 인구도 증가하고 인기 있는 스포츠 중 하나로 자리 잡
았다. 골프 산업 역시 크게 성장하였다. 특히, 세계적인 골프 선수들의
등장은 골프에 대한 관심을 높이는 데 큰 역할을 했다. 골프 선수들의
활약은 골프의 대중화에도 큰 역할을 했다.

그런데 막상 골프장을 짓기 위해 산을 깎는 작업에서부터 문제가 생기기 시작했다. 집단적인 이기심이라고 할까? 골프장을 짓는다는 소문이 퍼지면서 산 주위 마을의 주민들이 매일 아침 공사 현장에 들이닥쳤다. 대부분이 나이 드신 할머니들인데 아예 방석을 깔고 드러누워서 공사 자체를 못하게 하는 것이었다. 결국 보상 차원에서 합의를 이루고 해결하느라 아예 공사가 중단되었다. 토목 공사 중에는 발파 현장에서 인사 사고가 나기도 했다. 버티기 힘든 시절이었다. 1999년 골프장을 오픈할 때는 이미 온 나라가 IMF 외환 위기로 힘들어했다.

당시 허가를 받고 짓기 시작한 20여 개 골프장 가운데 80-90%가 공사 도중 주인이 바뀌거나 문을 닫는 어려움을 겪었다. 국내 굴지의 건설사였던 D 건설도 그때 부도를 맞아 공사를 중단할 정도였다. 그런 가운데 부도를 맞지 않고 골프장을 준공했다는 것이 지금 생각해도 믿기지 않는다.

하나님은 내게 트랜드를 빨리 읽어내는 감각을 주셨다. 그리고 아이디어가 떠오르면 즉시 행동으로 옮기는 추진력도 주셨다. 왜 하나님이 내게 이러한 달란트를 주셨는지 부르심에 답하면서 깨닫게 되었다. 그리고 하나님은 이 모든 달란트를 그분의 뜻을 이루는 데 적절하게 사용하셨다. 이 또한 하나님이 주신 달란트 가운데 하나이고 훗날 그분의 부르심에 합당하게 사용되었다.

지난 이야기

• • •

어린 시절에는 몰랐지만 내가 직접 사업을 시작하면서 아버지가 탁월한 조직력을 지닌 분임을 깨달았다.

일제강점기 때 아버지는 일본국 후꾸오카 철도 공사 도급을 받으셨다. 그때마다 고향 분들을 동원해서 일본으로 가서 공사를 진행하셨다. 산을 뭉개고 철도를 놓는 일은 예삿일이 아닐뿐더러 위험했다. 삼촌도 아버지를 도와 경리 일을 하고 현장관리도 하셨다. 안타깝게도 공사 현장에서 그만 다리를 다치셨다.

해방 후 고향에서도 토목업·건축업 도급을 받으셨다. 아버지는 늘 땀을 흘리며 일했지만 공사비를 제대로 받지 못했다. 한번은 학교를 짓는 일을 맡았는데 자기 자본이 없으니 남의 돈을 빌려야 했다. 그런데 발주처에서 돈을 주지 않아서 아버지는 이자를 내느라 고생하셨다. 그로 인해 우리 가족은 경제적으로 어려움을 당했다.

아버지는 일감을 따내고, 사람을 모으고 기획하는 능력이 뛰어나셨다. 그 당시에는 그리 높이 평가받지 못했겠지만, 지금은 사업에 있어서 그러한 총체적 감각과 기획력이야말로 값진 자원이다. 내가 오랜 세월 사업가의 자리를 지키며 성공할 수 있었던 것은 아마도 아버지의 이러한 장점을 물려받았기 때문이리라. 또한 내가 의도하고 생각하는 것을 실행에 옮기는 추진력과 자신감도 물려받았다.

내 기억에 내내 남아있는 어머니는 무엇보다 마음이 아주 넉넉한 분이셨다. 넉넉지 않은 살림인데도 섬기기를 좋아하셨다.

어머니의 친정은 삼천포 바다 마을이다. 외갓집에서 맡았던 바다 냄새, 생선 말리는 냄새가 코끝에 아련하다. 어머니는 바다에서 난 먹거리를 바리바리 싸들고 오셨다. 그리고 넉넉한 마음으로 그것을 나누었다. 어려운 형편 속에서도 나눔을 좋아하시던 어머니의 모습은 뚜렷한 이미지로 내 안에 남아있다. 이처럼 어머니의 마음은 늘 넓고 깊었다. 아마도 바다를 보며 자라셨기 때문이리라.

부모님은 내 존재의 뿌리다. 모든 사람이 그러하겠지만 어떤 부모를 만날 것인지, 또 어떤 자녀를 만날지 선택할 수 있는 일이 아니다. 내가 태어난 시대, 나라, 가정을 과연 선택할 수 있을까?

나는 두 분으로부터 귀한 자산을 물려받았다. 아버지로부터는 비즈니스 마인드를, 어머니로부터는 섬기고 나누는 법을 배웠다.

황금어장 중국

내겐 개척자의 기질이 다분히 있다. 남들이 아직 시작하지 않은 일이지만, 나는 그 일이 곧 어떻게 전개될지 머릿속에 훤히 그려진다. 이러한 감각은 사업을 하는 데에 아주 요긴하다. 그리고 우물 안에 머무르는 것을 좋아하지 않는다. 끊임없이 넓혀가고, 해외 곳곳에도 눈을 돌린다. 그래서 일 벌리기를 좋아한다는 말을 곧잘 듣는다.

지금도 내 머릿속에는 아이디어가 가득하다. 나이가 들어갈수록 쌓인 경험과 노하우가 많기에 하고 싶은 일도 한둘이 아니다. 이것도 하나님이 주신 복이 아닌가 생각한다. 중국에서의 사업에 대한 아이디어가 넘쳐났다. 머릿속에는 여러 가지 사업 아이템이 반짝반짝 떠올랐다. 이 가운데 하나는 식품업이었고 실제로 추진하기도 했다.

중국 청도(칭따오)는 산둥반도에 있는 항구도시다. 우리나라와 가까위 1990년 초반부터 크고 작은 한국 기업이 많이 진출해 있었다. 내가 구상하는 사업을 하기에 적격지다. 특히 청도의 고추나 마늘은 품질과 모양에서 국내산과 매우 흡사하다. 이곳에서 식품 사업을 추진했다. 고추, 마늘, 절임 배추 외에도 마늘장아찌와 같은 가공식품을 냉동 창고에 보관했다가 한국에서 흉작인 품목을 가져와 판매하는 것이다.

트럭이 드나들 수 있는 거대 냉동 창고도 열한 동이나 있었다. 한국뿐 아니라 아프리카, 중동지역까지 판로를 넓힐 수 있다. 얼마나 전도양양한 사업이었던지 공항 마중은 기본이고 청도에 도착해서도 융숭한 대접을 받았다.

앞으로도 김치를 직접 담가서 먹기는 하겠지만 차차 줄어들 것이다. 그때만 해도 국내 유명 종가 김치가 등장하기 전이었다. 그리고 대중식당에서는 저가의 중국산 김치를 사용할 것이다. 이러한 생각으로 다른 식품회사 인력을 스카우트하여 사업을 추진했다.

중국에서의 투자를 위해 홍콩에서 외환은행을 통해 자금을 조달했다. 그런데 IMF 외환 위기로 화폐 가치가 폭락하다 보니 은행에 제공해야 할 담보가 몇 배로 많아졌다. 만일 IMF라는 돌발변수만 없었더라면 중국에 진출해서 투자도 많이 했을 것이다. 그리고 지금과는 다른 길을 걷고 있었을 것이다.

나는 소위 화이트 리스트에 올라 중국의 초청을 받았다. 마침 중국이 북경올림픽(2008)을 준비할 때라 서울 올림픽을 성공리에 치른 것을

벤치마킹하면서 사업가 중에 조력자 역할을 한 사람들의 이름을 올렸던 것 같다.

중국에 발을 디뎌보니 사업 아이템들이 줄줄이 떠올랐다. 사업가인 내 눈에는 곳곳에 돈이 보였다. 마치 돈이 길바닥에 흘러가는 듯했다. 게다가 그 당시 일본 기업들은 마츠시타(National Electronics의 전신) 같은 회사를 제외하고는 거의 망해서 돌아간 상태였다. 한편으로는 중국 정부가 외국인을 투자하게끔 한 후 규제를 바꾸어 이런저런 방법으로 빼앗은 것 같은 생각이 들었다.

중국에서 광고 회사를 하면서 고속버스 사업, 오피스텔 사업 등을 했다. 특히 오피스텔 사업을 하게 된 이유는 한국인들이 중국에 왔을 때 마땅한 사무실과 숙박할 데가 없다는 것이었다. 주거비 또한 매우 비쌌다. 90년대의 중국은 지금과는 완전 딴판이었다.

천안문에서 동쪽으로 직선으로 20여 분 가면 지하철 주변에 약 5천 평 부지가 있었다. 그 가운데 3천여 평에 나는 그곳에 오피스텔을 지었다. 새로 건물을 짓기도 하고 기존 건물에 증축도 했다. 그리고 한국인을 대상으로 오피스텔 분양을 했다. 신문에 분양 광고도 냈다. 우리 나라에서 하는 방식으로 오피스텔이 주거겸용 오피스텔로 분양 광고를 냈고 분양이 다 되었다.

그런데 한두 달 후 밤에 공안이 덮쳤다. 중국은 한국과 달리 사무실로는 가능하나 밤에는 오피스텔에서 잠을 잘 수 없으니 다 나가라는 것이다. 한국과 중국의 오피스텔 승인 조건이 다르다보니 본의 아니게 계약 위반이 되어버렸다. 결국 계약자들에게 돈을 다 돌려주었고, 이 문제로 한동안 애를 먹었다.

내가 중국에서의 사업을 계속하면서 성공 대로를 걸었더라면 어떠했을까?
이따금 지인들에게 농담을 던지곤 한다.

"아마 내가 계속 사업을 했더라면 나를 보기가 힘들었을 거야."

그런데 하나님은 이미 나를 부르실 준비를 하고 계셨다.

지난 이야기 _ 선택

• • •

　아주 오래전 일들을 기억해 낸다는 것은 빛바랜 흑백 사진첩을 뒤적이는 것과 같다. 빛이 바래고 접힌 자국이 선명하지만 작은 조각마다 내 아버지와 어머니, 그리고 친지들의 기억이 담겨있다. 어린 시절 본 내 부모님, 그때는 내 나이의 분량밖에 이해하지 못했다. 그러나 나이가 들면 들수록 새롭게 깨닫는 것이 많아진다. 어떤 때는 너무도 뒤늦게 보물 같은 인생의 교훈을 발견하기도 한다. 이분들은 여전히 내 기억 속에 묻혀있다.

　시골에서 유년 시절을 보냈다. 해방과 동시에 거대한 인구 이동의 물결이 일었다. 일본인은 돌아갔고, 강제 징용 당했던 사람들을 포함하여 많은 사람들이 고국으로 돌아왔다. 그리고 서울로 몰려들었다. 38선 위로부터도 사람들은 몰려왔다. 이들의 목적은 단 한 가지 기회를 얻기 위해서다. 일자리의 기회, 공부의 기회, 결혼의 기회 그리고 성공의 기회. 그야말로 서울은 기회의 땅이었다. 이에 따라 서울시는 확대되고 인구는 늘어났다. 서울은 점차 몸집을 키우면서 거대도시가 되었다. 내게도 서울은 기회와 도전의 땅이었다.

　교회를 다니며 간증할 때마다 자주 하는 말이 있다.

　"시골 촌놈이 서울로 올라왔습니다. 그 당시 서울까지 오려면 13-14시간이 걸렸습니다."

맨주먹으로 서울에 올라왔다. 서울에 올라오니 아는 사람이 아무도 없었다. 먹고 사는 문제, 공부하는 문제를 모두 스스로 해결해야 했다. 그 당시에는 나와 같은 처지의 젊은이가 아주 많았다.

다행스럽게도 먼저 서울로 올라가신 형님의 주선으로 숙식 자리를 소개받았다. 청계천 어느 전자제품 가게에서 일을 도우며 고등학교에 다녔다. 나 혼자 학생과 학부모의 역할을 모두 해냈다. 사장님은 이러한 내 모습을 기특하게 여기셨는지 과외교사 자리를 주선해주셨다. 덕분에 고등학교 과정을 내 힘으로 잘 마칠 수 있었다.

서울 생활에 어느 정도 익숙해질 때쯤 대학교에 입학했다. 학교나 학과나 모두 실리와 효용성에 우선을 두었다. 그 당시엔 내신만 좋으면 무시험으로도 진학할 수 있는 학교가 많았다. 학교 간판을 우선으로 하고 4년간 맘 편히 공부를 해보고 싶다는 생각도 있었다. 그러나 어차피 대학을 졸업하고 나면 경제 전선에 뛰어들 것이고, 누군가의 밑에서 일해야 했다.

목표가 같다면 둘러 갈 것이 아니라 내가 고용주가 되어 유능한 인력을 채용하자. 그래서 대학 입학 전부터 사업을 할 생각을 굳혔다. 내 꿈을 이루기 위해서는 학교 간판보다 이편을 택하는 것이 더 빠르다고 판단했다. 급변하는 산업구조에 신속 대응할 수 있도록 특화된 국제대학교 경제학과에 진학했다.

대학교에 들어가서도 공부하랴 돈도 벌랴 정신이 없었다. 등록금과 생활비를 나 스스로 해결해야 했다. 그러다 보니 안 해본 아르바이트가 없었다. 공부하고 일하느라 늘 심신이 피로했다. 그러나 다음 날 아침이면 벌떡 일어나곤 했다. 젊음과 꿈이 있었기 때문이리라. 이렇게 서울에서 나 혼자 힘으로 고등학교와 대학교, 대학원을 마쳤다.

그러나 아르바이트로 번 돈은 뻔했다. 학비 내고 생활하기에 빠듯했다. 이대로라면 언제 내 사업체를 가질 수 있겠는가? 장사라도 해 볼까?

'1만 1천' 서원의
첫걸음

신학원(CTSS) 설립

• • •

1995년 장로가 되고 나서 담임목사님과 다른 장로 부부 20여 명과 함께 성경유적지를 순례했다. 일정 가운데 밧모섬 방문 기회가 있었다. 밧모섬은 터키와 그리스 사이, 에게 해에 있는 조그만 섬이다. 바위와 화산으로 덮여있는 황량한 섬으로 사도 요한이 요한계시록을 쓴 동굴이 있다.

그러나 이 섬에 가려면 최소한 이틀을 잡아야 한다. 섬을 둘러보는 시간보다 오가는 시간이 많이 소요되기 때문이다. 그래서 우리 일행은 밧모섬에서 1박을 하게 되었다.

낚시를 좋아하시던 담임 목사님은 숙소에 짐을 푼 뒤 부둣가로 향했다. 나는 낚시를 그리 좋아하지 않지만 따라나섰다.

목사님은 천천히 한 마리씩 물고기를 낚아 올렸다. 그러나 내 낚싯대에는 아무런 신호도 없었다. 낚시대를 드리운 채 먼 수평선을 바라보며 깊은 생각에 잠겼다.

'하나님이 나를 장로로 세우시고 이곳까지 오게 한 이유가 무엇일까?'

그리고 나는 비로소 선교의 부르심을 받았음을 깨달았다. 그 무렵 실업인선교회장으로 활동하고 있었기 때문에 선교에 대한 열정이 남달랐다. 낚싯대를 바라보면서 줄곧 '사람을 낚는 어부' 생각을 떨칠 수 없었다.

'그렇구나. 내가 평생 할 일은 사람을 구원의 길로 인도하는 일이야.'

그리고 이 부르심에 순종하겠다는 의미로 서원을 했다.

"하나님, 1만 명의 사역자를 세우고, 1천 교회를 세우겠습니다."

나는 이 부르심을 추호도 의심하지 않았다. 그리고 사업가로서의 기질이 발동하면서 선교의 효율성에 대해 생각했다.

'낚싯대로 한 마리씩 고기를 잡기보다는 아예 그물을 던져 잡는 것이 낫지 않을까? 어느 세월에 한 마리씩 낚는단 말인가.' 좀 더 효율적으로, 좀 더 많은 고기를 낚는다면 어떨까?

1만 1천이라는 숫자가 황당할 정도로 커서 돌발적으로 한 감정적인 서원이라고 생각하는 사람도 있었을 것이다. 그러나 사업을 해온 나는 늘 사람들이 비현실적이라고 말하는 목표를 세웠고 달성해 왔다. 하나님의 부르심에 있어서도 사업가로서의 내 역량을 최대한 발휘하는 것은 당연한 일이었다. 오히려 1만 1천의 비전을 이루어 가는 모습을 그리니 벌써 가슴이 벅차올랐다.

'그렇다면 어디에 그물을 던져야 할까? 바로 중국이다.'

중국을 품게 된 데에는 여러 가지 이유가 있었다. 한중수교가 막 이루어진 때라 중국에 대한 관심이 많았다. 중국은 경제뿐 아니라 선교에서도 황금어장이었기 때문이다.

사업가로서 중국 시장의 메커니즘에 대해서는 어느 정도 통찰력을 지니고 있었다. 그뿐 아니라 나는 한국 동계 스포츠센터 감사였고, 대한아이스하키협회 부회장직도 맡고 있어서 중국 초청을 받았다. 그래서 이런저런 이유로 중국을 자주 방문할 수 있었다.

또한 중국에서 이미 여러 가지 사업도 펼쳐놓은 상태였다. 중국으로 자주 오가는 과정에서 중국 가정교회의 부흥을 보고 나는 큰 감동을 받았다.

90년대 중국은 사회주의 시장경제 체제를 채택하고 세계 투자시장으로 주목받고 있었다. 세계의 자본을 끌어들이기 위해 경제 문호를 활짝 열었다. 그러나 정치·종교의 문은 여전히 닫힌 상태였다. 만일 중국이 불가능하다면 아프리카로 그 대상을 바꾸어야 했다. 사업 면에서는 내가 잘 알지 모르나 중국선교와 중국교회에 대해서는 도움이 필요했다. 특히 현장에서 뛰고 있는 선교사님들의 도움이 필요했다. 그 당시 중국선교를 하는 기관은 몇 되지 않았다. 수소문 끝에 찾아간 곳이 '중국어문선교회'였다.

중국어문선교회 사무실에서 이요한 목사를 처음 만났다. 그때 이 목사는 선교회 총무였다. 이요한 목사는 한국에서 본부 사역을 하고 있었다. 이 목사에게 먼저 내가 품은 비전을 나누면서 의견을 물었다.

그리고 함께 기도하고 지혜를 나누면서 가장 건강하고 이상적인 전략을 도출했다. 그것은 건축 지원에 올인할 것이 아니라 개척지원은 최소한으로 하고, 대신 일꾼을 키우는 것이다. 즉 중국에서 학생들을 데리고 와서 한국에서 공부시킨 후 이들을 통해 중국교회와 신학교를 세우는 것이다.

신학교를 한국에 설립하고, 이곳에서 교수요원을 양성하는 것이다. 그리하면 이들이 중국으로 가서 신학교를 세우고 그곳에서 일꾼들을 배출하는 것이다. 한국에 있는 신학교는 허브 역할을 하는 것으로 꽤 괜찮은 전략으로 생각되었다.

교회를 건립하는 것보다 일꾼을 키우는 데에는 일시에 큰돈이 들지 않을뿐더러 지속성을 유지할 수 있다. 그때만 해도 중국 내 달러 가치가 아주 높았기 때문에 여러모로 유익한 점이 많았다.

'1만 1천'의 비전은 곧 1만 명의 교수를 양성해서 중국에 1천 개의 교회를 개척하고, 교회도 1천 개를 지어 1만 명 목자 양성과 전도를 하겠다는 것으로 구체화되었다.

늘 그러하듯 나는 일단 확신이 서면 곧 실행에 옮긴다. 가만히 앉아 백일몽만 꾸는 것이 아니라 현장에 뛰어든다. 그래서 나를 포함하여 5인의 준비위원회를 구성했다. 총신대학교 김의원 총장, 왕십리 교회 오치영 목사, 왕평 선교사(보안상 가명 사용), 이요한 목사(현 동아시아신학원 원장) 그리고 내가 설립 준비위원장을 맡았다. 신학원(CTSS) 설립 준비위원회는 한 달에 한 번씩 모여 함께 의논하고 기도했다.

• • •

그렇다면 장학생 선발은 어떻게 할 것인가? 학생 선발 문제는 왕 평 선교사가 맡았다. 이 모든 과정은 마치 첩보작전이라도 펼치듯 아슬아슬하고 스릴이 넘쳤다. 혹시라도 공안에게 발각되면 무조건 출국해야 하고 벌을 받을 수도 있었기 때문이다. 그래서 주로 저녁 시간에 모여 인터뷰와 훈련을 한 뒤 다음 날이면 모두 뿔뿔이 흩어졌다. 한 번 모였던 곳은 가지 않고 매번 다른 장소를 택했다.

이렇게 처음에는 20명을 선발했다. 그리고 이들이 한국에 와서 박사과정을 마칠 때까지 생활비와 장학금을 지급하기로 했다. 그런데 학생들을 국내로 데려오는 과정에서 예상치 못한 장애물을 만났다. 출입국 관리사무소에서 비자를 내주지 않는 것이었다. 그들을 입국시키기 위해 3년간 다방면으로 노력해야 했다.

한중수교 이후 중국으로부터 많은 사람들이 한국으로 밀려들어오던 때였다. 조선족은 그나마 비자를 받기가 수월했으나 중국인들에게는 쉽게 비자를 내주지 않았다. 공부를 하러 왔다고 말하지만 사실은 일자리를 찾아오는 사람들이 많았기 때문이다. 선발된 20여 명의 학생 가운데 대다수가 고졸자이다 보니 비자 발급이 쉽지 않았다.

그래서 전략을 바꿨다. 대학을 졸업한 학생들을 대상으로 신학대학원 공부를 시키면 유학비자가 더 쉽게 나올 것 같았기 때문이다. 장학생 선발기준도 중국에서 4년제 대학을 졸업한 사람으로 바뀌었다.

이 모든 것을 합법적으로 진행하는 것을 원칙으로 세웠다. 그렇다면 우리가 원하는 신학대학원은 일단 일반 대학교의 우산 아래 있어야 했다. 그래서 이러한 역할을 해줄 수 있는 대학교를 찾아야 했다. 그래야만 비자문제도 해결될 수 있다. 한국에 신학 공부를 하러 간다고 하면 중국에서도 쉽게 보내주지 않을 것이고, 한국에서도 섣불리 비자를 주지 않을 것이기 때문이다.

우리와 협약을 맺을 학교를 찾아 나섰고. 후보에 오른 학교가 평택대학교이다. (평택대학교는 미국인 피어선 선교사님이 세운 '피어선기념성경학원'에서 출발한 학교이다.) 그러나 그 무렵 내가 맡고 있던 일로 워낙 바빠서 학교설립과 관련하여 세세한 일에는 관여할 수 없었다. 그래서 이요한 목사가 기획과 실무를 담당했다.

평택대학과 합의가 이루어지지 않을 경우 다른 대학과 다시 접촉해야 했다. 그 당시 평택대학교 조기흥 총장과는 친분이 있었다. 초면인 부총장도 이야기를 나누다 보니 우리 아들과 그분 아들이 같은 초등학교에 다니고 있었다.

평택대학과 신뢰가 쌓이고 학교 측(조 총장님)의 배려로 중국 유학생들은 한국 학생이 내는 등록금의 50-60%만 내면 되었다. 그 당시 중국 경제 상황은 매우 열악했다. 게다가 학생들 대다수의 가정이 불신 가정이었다. 혼자 기독교를 믿는 것도 쉽지 않은데 신학 공부를 위해 부모의 지원을 바란다는 것은 쉽지 않았다. 내가 지원해 준 장학금으로 학생들의 나머지 학비를 균등하게 나누어 지급했다.

우여곡절 끝에 합의가 잘되어 이 학생들이 평택대학교에 입학하기로 했다. 그런데 이들을 가르치는 사람은 중국어·영어·한국어를 모두 구사해야 했기에 대만에서 한 중국인 목사를 초빙했다. 언어장벽 때문에 교수진 선발 과정이 쉽지 않았다. 우리가 뜻하는 대로라면 우선적으로 신학을 가르치고, 일반 과목도 가르쳐야 한다. 그러나 전담 교수를 채용하기에는 예산 면에서 버거웠다.

신학원이 개교할 즈음에는 설립 준비위원회 5인 가운데 나와 이요한 목사만 남았다. 나는 하나님과의 약속을 지키기 위해, '1만 1천'의 비전을 이루기 위해 마음과 물질과 기도를 드렸다. 이요한 목사 역시 재정적 지원과 함께 중국선교라는 소명을 위해 온몸을 던졌다. 이요한 목사의 경우 선교사로 사역을 한다고 생각했기에 월급을 받지 않았다. 나와 이요한 목사의 일하는 방식이 많이 달라서 의견 차이를 보일 때가 종종 있었다. 교육부 인가를 받는 문제가 그 한 예이다.

그 후 이요한 목사가 신학원 건물을 짓기 위해 모텔(유학생 기숙사 1동, 학사 1동)이 있는 곳 아래쪽에 있는 땅을 샀다는 말을 들었다. 그리고 건축비는 기숙사로 사용하던 모텔 보증금을 빼서 신학원 건물을 짓기로 했다고 했다. 신학생 기숙사와 학사로 사용하기 위한 모텔 2동 보증금은 우리 가정에서 출연했다. 이 과정에서 나는 구체적인 보고를 받지 못하고 서로 소통이 없었던 것이 안타깝다. 어차피 언젠가는 신학원 건물을 건축해야 했지만 만일 이 문제에 대해 충분한 소통이 있었더라면 하는 아쉬움이 남아있다.

훗날 이 문제에 대해 숙고해보니, 나와 이요한 목사는 공통된 목표를 가지고 있었지만 일을 해결하는 접근 방식이 달랐던 것 같다.

2008년 9월 드디어 학사가 완공되었다. 학사가 완공된 이후 학교와의 소통이 뜸해졌다. 그 이유를 굳이 글로 옮길 필요는 느끼지 못한다. 학사건립 이전까지 나는 초대 이사장직을 맡았다.

설립 이후 이 학교가 배출한 학생 수는 100여 명이 넘는다. 신학원(CTSS)은 아주 작은 학교다. 학생 수가 가장 많았을 때에는 30명에 육박

했다. 그러나 차츰 줄어 10명 내외로 감소했다. 3년제이니 한 학년의 학생 수가 3-4명 정도이다. 그동안 배출된 졸업생이 100명으로 결코 적은 숫자가 아니다. 이들이 훗날 교수가 되고 목회자가 되어 중국에서 후대를 양육한다면 언젠가는 1만을 돌파할 것이다. 이들을 통해 하나님이 어떻게 일하실지 자못 기대가 크다.

CTSS는 2015년 1월 동아시아신학원(EATS:East Asia Theological Association)으로 이름이 바뀌었다. 2024년 9월이면 EATS가 30주년을 맞이한다.

얼마 전 만났던 이요한 목사가 이렇게 말했다.

"감 장로님이 없었으면 이 학교는 없었어요, 이 학교는 백 퍼센트 감 장로님의 헌신의 결과물이라고 말할 수 있습니다."

물론 학교 설립은 나와 하나님의 약속에서 시작되었다. 그러나 나는 그것이 내 공로라고 생각한 적은 한 번도 없다. 내가 하나님께 서원했던 '1만 1천'의 비전의 첫걸음일 뿐이다. 내가 지원한 물질 역시 내것이 아니고 하나님의 것이다. 나는 단지 청지기로서 그분이 원하시는 대로 순종했을 뿐이다. CTS 또한 방송을 통해서도 이러한 선교 사역에 매진할 것이다.

지난 이야기 _ 1만 1천의 첫 열매 왕은혜

• • •

1회 졸업생은 왕은혜(가명)라는 여학생 단 한 명뿐이었다. 6명의 1기 입학생 가운데 안타깝게도 왕은혜 혼자만 졸업을 했다. 전해들은 이야기를 요약하면 다음과 같다.

맨 처음 중국 학생들을 모집할 때 선교사님들의 추천을 받고 면접 없이 받아들였다. 그러다 보니 학생 개개인의 소명 의식이나 동기들을 자세히 확인할 수 없었다. 한국에 온 진짜 목적이 지극히 사적인 데에 있었다. 즉 학생들의 주된 목적은 우리 학교를 발판으로 해서 서구 국가로 가는 것이었다. 그러기 위해 평택대의 정식 졸업장이 필요했다.

신학원의 설립 비전과는 무관한 학생들을 계속 품어야 할까? 이 문제에 대한 고민이 깊었다. 게다가 학교 운영진과 학생들 간의 오해가 생겼다. 그 과정에서 갈등이 있었고, 결국 신학원 측에서는 왕은혜를 뺀 5명의 학생들을 내보내기로 했다. 그 학생들은 평택대 쪽의 학적만 유지했다.

남아있는 한 학생을 어떻게 할 것인지가 문제였다. 만일 그 학생이 끝까지 공부하기를 원한다면 학교 측에서는 1인 클래스를 유지하기로 했다. 그 여학생도 관둘 것이 뻔하다고 생각하는 사람들이 많았다. 그러나 뜻밖에도 그 여학생은 남아 공부하겠다는 뜻을 밝혔다.

그래서 한 학생을 위한 클래스가 2년 동안 지속되었다. 평택대학교 부총장이던 교수님이 직접 와서 개인교습을 했다. 새로운 학생들이 입학했지만 합반은 하지 않았다. 학년마다 단계가 달랐고 학교 측에는 절대 합반을 하지 않는다는 원칙이 있었다. 그래서 한 학생을 위해 교수님들이 와서 과목별로 강의를 했다.

● ● ●

　　왕은혜는 아버지가 어머니를 많이 학대하는 가정에서 자랐다. 부모님이 자주 싸우다 보니 늘 불안해했다. 아이가 영특하다는 것을 감지한 고모가 왕은혜를 자기 집으로 오게 했다. 그리고 그곳에서 지내면서 의대에 입학시켰다.

　　본인의 말에 의하면 술도 마시고, 담배도 피우고, 춤도 추면서 자유롭게 대학생활을 했다고 한다.

　　어느 성탄절. 교수님의 초청을 받아 교수님 집에 들어설 때 '고요한 밤 거룩한 밤' 성가가 울려 퍼졌다고 한다. 왕은혜로서는 처음 듣는 곡이었는데 이유 없이 눈물이 흘렀다. 감정을 추스르기 위해 잠시 밖으로 나왔다가 다시 집안으로 들어가면 또 눈물이 나왔다. 이때 예수님을 영접하게 되었다고 한다.

　　왕은혜는 아버지가 너무 미워 집에 가기 싫어했다. 그러나 예수님을 믿고 난 후 어머니에게 전도해야겠다고 생각했다. 집으로 돌아온 왕은혜는 아버지에게는 한마디도 하지 않고 어머니에게만 복음을 전했다. 복음을 받아들인 어머니는 아버지에게도 전하면 좋겠다고 말했다. 그 말을 듣는 순간 왕은혜 안에서 분노가 치밀었다. 그렇게 아빠에게 당하면서도 아빠 생각을 하는 엄마까지 미워졌다. 그래서 자기 방으로 가서 두문불출했다.

그때 복음은 전하고 싶은 사람에게만 전하는 것이 아니라고 했던 교수님의 말이 떠올랐다. 왕은혜는 기도했다.

"하나님, 제가 아버지에게도 복음을 전하게 해주세요."

왕은혜는 아버지에게 가서 처음으로 미안하다는 말을 했다. 그 말에 아버지는 딸을 끌어안고 울었다. 결국 아버지도 복음을 받아들였다.

• • •

신학원 초기 규정엔 학생들 사이에 연애를 금지한다는 내용이 있었다. 기숙사 사감 권사님은 남학생 숙소 입구에 있는 방에 거주하면서 늘 문을 열어 학생들을 돌보고 살폈다.

그런데 사감 권사님은 왕은혜와 그 다음 해에 입학한 이필립(가명)이라는 남학생이 사귄다는 것을 알게 되었다. 이 문제를 놓고 고민하던 사감 권사님은 두 학생에게 당부했다.

"교제를 하되 졸업할 때까지는 절대 티를 내지 말라."

그리고 그 두 학생은 그 말을 잘 따랐다. 그 후 두 사람은 결혼했고, 한 사람은 연세대학교 기숙사에, 다른 한 사람은 호서대학교 기숙사에 지내면서 주말부부가 되었다. 그러다보니 주말이면 마땅히 지낼 곳이 없었다.

주말마다 이들 부부는 당시 서초동에 있는 우리 집 2층에서 지냈다. 그러다 보니 우리 집은 두 사람의 시댁과 친정이 되었다. 그리고 우리 부부를 "어머님, 아버님"이라고 불렀다.

남편은 한국어를 잘하니까 중국에서 한국인들이 집회를 할 때 통역을 담당했다. 물론 이 집회는 무허가 집회였다. 그런데 이러한 사실이 중국 공안(경찰)에 발각되었다. 중국 정부는 공항에서 특정 조치를 취하라는 공문을 수차 발송했다.

이 문제를 놓고 함께 기도하기로 했다. 중국에 입국하는 것이 불가능해진 상황에서, 중국 국적을 포기하고 다른 국적을 획득하는 방안을 모색했다.

당시 이필립, 왕은혜는 공안의 추적을 받고 있었다. 중국으로 돌아오라는 협박조의 이메일을 받기도 했으나 중국으로 돌아갈 수 없었다. 미국으로 유학을 보내는 것을 하나의 해결책으로 생각했다. 그래서 공안의 감시에서 벗어나도록 미국으로 보내 내가 명예박사 학위를 받았던 아주사 퍼시픽 대학교에서 공부할 수 있도록 도왔다. 또한 이것은

1만 1천 선교비전을 이루는 과정이기도 했다.

마침 나와 친분이 있는 아주사 퍼시픽 대학의 존 왈레스 총장, 수석 부총장, 그리고 한국 담당 교수가 한국을 방문하게 되었다. 이분들과의 만남에서, 당시 선교와 관련된 어려움을 이야기하고, 장학생을 받아서 공부시켜달라고 도움을 요청했다. 이 요청은 그 자리에서 수석 부총장의 승인을 받았다.

비행기 값과 미국 체제비는 우리 집에서 마련해서 남편을 먼저 미국으로 보내기로 했다. 그렇게 해서 공안의 체포 위험에서 벗어났다. 그리고 왕은혜는 광림교회 중국어 예배 부목사로 위촉되었다. 중국어 예배도 아주 잘 진행되었다. 나중에 왕은혜도 뒤따라 미국으로 갔다.

2012년 아주사 퍼시픽 대학교에서 인류학 명예박사 학위를 수여받는 장면

LA에 있는 아주사 퍼시픽 대학교에서 둘 다 박사과정을 시작했다. 이곳에서 석사과정을 마치고 갔기 때문에 가능했다. 그리고 왕은혜는 박사학위를 취득했다고 한다. 이필립은 박사학위를 취득하지는 못했지만 간호사가 되었고, 왕은혜는 호서대학교에서 박사학위(Ph.D.)를 취득한 후, LA에도 중국 교민이 많았기에 목사로 사역을 했다고 한다.

지금은 졸업생 사진에서만 그 모습을 확인할 수 있다. 들리는 소식에 의하면 왕은혜는 현재 미국 LA에 거주하고 있다고 한다. 내가 후원했던 다른 장학생들도 지금 어디에서 무엇을 하고 있는지 궁금하다. 아마 그 가운데 일부라도 얼굴을 맞대고 볼 기회가 있을 듯하다.

왕은혜는 첫 졸업생이자 1만 1천 비전의 첫 열매다.

• 2부 •

CTS로의
부르심

"여보,
십일조 가불합시다!"

사람이 감당할 시험밖에는 너희가 당한 것이 없나니 오직 하나님은 미쁘사…(고전 10:13)

어떠한 결정을 내려야 할지 모를 때, 결정을 내리고도 마음이 흔들릴 때, 살아 계신 하나님은 살아 계신 말씀으로 확신을 주신다.

늦깎이 그리스도인인 나는 50대 초반에 장로가 되었다. 그리고 명색이 사업가이다 보니 교회에서 실업인선교회 회장직을 맡아 일했다. 그 가운데 CTS 모금을 도운 적이 있는데 아마도 이것이 CTS와의 첫 구체적 만남이었던 것 같다.

두 번째 만남은 CTS가 개국한 지 3년 만에 450억 원 부채를 안고 위기에 처했을 때다. 그 당시 450억 원이면 어마어마한 액수이다.

이 무렵 대한민국은 IMF 금융위기로 다시 한번 몸살을 앓았다. CTS 역시 파산을 눈앞에 두고 있었다. 파산 절차를 논의하는 회의에 기독교 대한감리교단 파송이사로 참석했다. 안건은 언제 방송국의 문을 닫느냐 마느냐였다.

CTS의 회생은 거의 불가능하다는 것이 기정사실이었다. 그런데 파산 절차를 논의하는 과정에서 회생으로 의견이 모아졌다. 기독교 TV라는 간판만이라도 살려야 한다는 목소리가 커지기 시작했기 때문이다.

CTS기독교TV 부도 파산 기사

그 당시 나는 부도 후 다시 일어나 올림픽 광고대행업체로 선정되었고, 88올림픽이 끝날 때까지 성수기를 누리고 있었다. 내가 감리교단 이사로 파견된 때는 여기저기 한창 사업을 벌여놓은 상태였다. 신규 투자도 많이 했고, 대형 프로젝트 공사에 계속 출자를 해야 했기 때문이다. 그리고 IMF 이후 현금 조달도 많이 어려웠다.

설립 초기에는 교단별·교회별로 후원금과 기금을 모았지만 파산 직전 상황에서는 그 누구도 총대를 메려 하지 않았다. 잠잠히 뒷걸음만 칠뿐이었다. 회생에 대한 확신도 불분명했을 뿐더러 구체적으로 책임을 질 사람도 없었다.

당시 1대 주주였던 감리교단에서 내게 사장직을 맡아달라고 했다. 총대를 메고 방송국을 살려보라는 것이었다. 그러나 나는 못한다고 거절했다. 그 무렵 나는 사업 확장으로 어려운 상태에 있었기에 거절하지 않을 수 없었다.

CTS는 방송 시작 5년 만에 자본금을 다 써버리고, 450억이라는 엄청난 부채를 안고 있는 상태였다. 그럼에도 불구하고 수락하게 된 데에는 김선도 감독님의 꿈, 아내의 십일조 가불 권유 등 여러 가지 사건이 있었다. 그러나 그 무엇보다 나를 강하게 떠민 것은 고린도전서 10장 13절 말씀이다. 그때나 지금이나 하나님은 내가 감당할만한 시험 밖에 주시지 않는다.

● ● ●

담임목사님께 경영 실적 회계 보고를 하면서 방송이 이 지경이 되었으니 기도해주십사 부탁했다. 담임목사님은 이러한 내 사정을 잘 아셨다. 내가 번번이 기도 부탁을 하곤 했기 때문이다. 그래서 나에게 강권하시지 않았다. 목사님을 만나 재무제표를 건네고 상황을 설명했다. 그러나 전문 사업가가 아닌 다음에야 소상히 이해하기는 힘들었을 것이다. 다만 방송국이 소생할 길이 막막하다는 것은 분명히 아셨던 것 같다. 목사님과의 미팅을 마치고 무거운 마음으로 귀가했다.

다음 날 아침 출근 전에 목사님 비서를 통해 전갈을 받았다. 출근길에 교회에 잠시 들르라는 것이었다. 목사님은 나를 보자마자 대뜸 꿈이야기를 하셨다. 꿈 내용이 하도 기이하여 그냥 지나칠 수가 없다는 것이다.

"감 장로, 감 장로가 어제 두고 간 재무제표 보기만 해도 스트레스를 받아 홧김에 쓰레기통에 던져버렸어. 그런데 그날 밤 꿈에 이렇게 버리면 안 되지 하는 마음으로 다시 끄집어냈지. 그런데 서류가 오선지로 바뀌어 있지 뭔가. 아무래도 감 장로가 그냥 물러설 일은 아닌 것 같아."

내 생각에도 목사님이 그런 꿈을 꾸신 데에는 이유가 있을 것 같았다. 늘 무릎 꿇고 기도하시는 목사님의 꿈을 통해 성령이 말씀하셨을 수도 있지 않을까? 여하튼 나는 복잡한 심정으로 목사님의 기도를 받은 후 교회에서 나왔다.

이 일이 있은 후 며칠 동안 고민을 아주 많이 했다. 그리고 아내와 함께 기도하면서 계속 하나님의 뜻을 물었다. 아내는 기독교로 개종한 후 기도의 용사가 되었다. 전에 부처님을 향한 신심이 몽땅 예수님께로 옮겨갔다. 부처를 향한 백일기도의 정성이 하나님께 드려지는 일천번제 새벽기도로 바뀌었다. 나나 아내나 같은 시기에 예수님을 믿게 되었지만 곁에서 볼 때마다 아내의 믿음이 나보다 위라는 생각을 했다.

• • •

새벽기도를 오갈 때면 주로 아내가 운전을 했다. 평상시에도 나는 웬만하면 운전을 하지 않는다. 차로 오가는 시간에도 생각할 것들이 많았기 때문이다. 그날도 여느 때처럼 아내가 운전대를 잡았다. 각자 생각에 잠겨 있을 때 난데없이 아내가 불쑥 이런 말을 했다.

"여보, 우리 아멘 합시다. 하나님을 믿고 십일조를 가불해서 드립시다."

십일조 가불이라니! 나는 십일조 가불이란 말을 처음 들었다. 아내가 말한 십일조 가불이란 하나님만 믿고 미리 믿음의 십일조를 드리자는 뜻이려니 이해했다. 아직 나타나지 않은 것들을 믿음의 눈으로 보고 행하자는 것인데 그러한 아내의 믿음이 대단하구나 생각했다.

믿음은 바라는 것들의 실상이요 보지 못하는 것들의 증거니… (히 11:1-2)

가불이란 단어를 단지 돈에만 국한시키지 않고 큰 맥락에서 해석해 본다. 가불이란 개념은 아지 도래하지 않은 것을 현실에서 사용한다는 점에서 일종의 모험과 도박이 내재되어 있다. 마치 천국과 지옥의 실재를 믿는 그리스도인들처럼 말이다. 그런데도 역사 속의 믿음의 거장들은 하나님이 주신 비전이라고 확신이 들면 부르심에 순종하고 무엇인가 행동으로 옮겼다. 한 예로 주위의 비웃음 속에서도 노아는 거의 100년 동안 묵묵히 방주를 짓지 않았던가. 또 아브람은 별과 모래알을 보며 하나님의 약속을 기대하지 않았던가.

경영 정상화의 첫발을 내딛는 데에 우선 50억 원이 필요했다. 이 돈을 어디서 구할 것인가? 현재 가진 돈도 없고 벌여놓은 공사는 한둘이 아닌데 어떻게 하라는 거냐고 물었다. 그러나 결국 아내의 말을 따르게 되었다. 아내의 말대로 우리 부부는 하나의 밀알이 되기로 결단했다.

그해 가을, 아내의 말대로 십일조를 가불하고, 필요한 절차를 밟기 시작했다. 담임목사님께도 이러한 사실을 알려드렸다. 구조조정도 하지 않고 연합정신을 살리는 의미에서 감자도 하지 않기로 했다. 그리고 앞으로 몇 년이 걸릴지는 모르지만 방송국의 정상화를 위해 뛰어들기로 했다.

2000년 하나님의 섬세한 간섭 때문에 결국 CTS기독교TV 사장으로 취임하게 되었다. '연봉 1원'의 사장직이었다. 이후 CTS와 함께한 광야 생활이 시작되었다. 취임 이후 방송 정상화를 위해 여러모로 애썼으나 노조, 인력구조조정 문제, 체불임금 문제 등으로 순탄치 않았다.

CTS사장이 된 후, 첫 과제는 400억 원이 넘는 부채를 정리하는 것이었다. 상환능력이 없는데도 돈을 빌리고 갚지 못했을 때, 채권자들은 결코 너그럽지 못한 법이다. 변제를 못할 상황이니 이에 적합한 대응책을 세우고 전략을 짜야 했다. 모든 대출이 그러하듯 대출연체 이자율은 턱없이 높았다. 가압류·가처분이 내려지는 것은 당연지사다.

채무불이행으로 은행연합회부터 모든 기관에 해당기록이 송부되고 나면 신용 회복의 길은 점점 더 멀어진다. 변제하고도 남은 빚을 효율적으로 없애거나 탕감 받을 전략을 세우기 시작했다. 이러한 일은 경험이 없는 사람은 하기 힘들다. 나는 일찍이 부도도 맞아봤고, 재기도 해봤다. 그때의 경험과 기술을 하나님께서 사용하시는구나 생각했다. 취임식을 앞두고 나는 방송사와 채무 관계에 있는 금융권과 직접 협상에 나섰다.

예컨대 내가 CTS 사장직을 수락 안하면 그만이라는 식으로 협상을 시작했다. 내 개인의 신용을 무기로 삼은 전략이다. 원래 빚이란 신뢰에 기초해서 빌리는 행위이다. 개인이나 사업체나 마찬가지다. 나에 대한 은행의 신뢰를 토대로 CTS의 빚에 대해 은행이 함께 짐을 나누어지는 것을 제안한 것이다.

그리고 이 제안이 받아들여질 경우 양 쪽 다 얻는 것이 생긴다. 반대로 협상이 불발되면 은행에서는 한 푼도 못 건진다. 기독교TV 전세 보증금이 있다고 하지만, 퇴거하기 전 복구하는 비용만 7억이다. 왜냐하면 스튜디오로 사용하기 위해 복층을 헐었기 때문이다. 장기상환을 할 수 있게 해주고, 아니면 아예 부채액을 반으로 깎아 달라고 하면서 협상을 진행했다. 한 예로 신한캐피탈의 부채 97억 원은 일시와 분할로 52억을 상환하기로 하고 나머지는 여러 형태로 탕감을 받았다. 그리고 이 52억 원은 2006년에 모두 상환했다. 이렇듯 머리를 있는 대로 다 짜내고 온갖 수단을 동원하면서 겨우 수습을 했다. 그리고 남은 부채는 2008년에 이르러 다 갚았다.

이 외에 큰 덩어리 부채는 ㈜신한종금과 ㈜한국통신이었다. ㈜신한종금의 부채가 연체이자까지 포함하여 76억 원이었다. 그 당시 이자율이 30%에 육박하다 보니 이자만 40억 원이 넘었다. 이자만 면제받고 원금은 2007년까지 분할 상환을 마쳤다.

㈜한국통신의 케이블 사용료 연체액이 총 18억 원이었다. 액수가 너무 커서 알아보니 기독교TV 개국 후 한 달도 사용료를 내지 않았던 것이다. 명색이 기독교 방송인데 하는 생각에 부끄러움마저 느꼈다. 10년간 장기 분할을 약속하고 2013년에 모두 상환했다.

그 후에도 크고 작은 온갖 장애물을 하나씩 넘으면서 사장 취임 8년째 되는 해, 2008년에 이르러 과거의 부채는 모두 청산했다.

부채 해결 과정은 곧 CTS를 다시 살려내기 위한 수술 과정이었다. 한 순간도 긴장의 끈을 놓을 수 없고 한눈을 팔 수도 없었다. 결국 수술은 성공했고 현재 CTS는 건강한 모습으로 영상선교의 소명을 다하고 있다.

할렐루야!

CTS의 사명은
나의 소명

2000년 7월 1일, CTS 사장이 되었다. 그때까지 광고, 골프장 건설 등 하던 일이 한둘이 아니었다. 그래서 초반에는 양쪽을 오가며 일해야 했다. 새벽기도회에 참석 후 곧바로 CTS로 출근했다. 그러나 차차 CTS 쪽에 우선순위를 두었다. 그러나 난파선에 가까운 CTS를 살리기 위해서는 내 모든 것을 쏟아부어야 했다. 그러다 보니 관심과 관리가 부족해서 일부 개인 사업체가 넘어가기도 했다. 가족과 친지들의 실망과 아픔에 대해서는 마땅히 변명할 거리가 없어

감경철 사장 취임

서 늘 같은 말을 할 뿐이었다.

"순수 복음 방송을 위해, 영상 성전을 위해"

지난날을 돌아보며 생각에 잠겼을 때, 나를 지켜보던 누군가가 이런 말을 했다.

"CTS에 몸담고 있는 사람들이라면 감 회장님에 대해 정말 미안해하고 고마워해야 할 부분이 많습니다."

사실 이 말은 나 듣기 좋으라고 한 말은 아니었다. 어떤 프로젝트를 함께 추진하는 공적인 자리에서 참석자들에게 한 말이다. 그는 CTS 공채 1기 출신으로 현재 임원으로 일하고 있다. 내 가족들이 견뎌낸 상실감을 기억하는 사람들이 있구나 하는 생각이 들어 잠시나마 위안을 얻었다.

그런데 결손을 해결하는 과정에서 뜻밖의 장애물이 나타났다. 내가 취임하기 1년 전인 1999년에 퇴직한 임직원들이 불법 해고를 이유로 소송을 걸었다. 사실 여부를 확인해 보니 당시 회사의 정상화를 위해 30여 명을 해고했다. 그런데 그것을 증명할 만한 서류가 없었다. 모두 구두로 합의한 후 사퇴서를 수리한 것이다. 법률적으로는 당연히 회사가 불리했다. 결국 회사가 패소했고 구조조정으로 인해 실직한 사람들에게는 2년 치 밀린 임금과 퇴직금을 정산해야 했다.

문제는 이들에게 지급할 돈이 28억 원에 가까웠고 회사에는 돈이 없었다. 이를 위해 외부로부터 그 어떤 재정지원도 없었다. 내가 사장으로 올 때 필요하다던 50억 원에서 예정에도 없던 지출을 해야 했다. 사실 50억 원은 회사를 살리기 위한 심장제세동기 역할을 해야 했다. 이로 인해 누적 결손 해결의 길은 더 아득해졌다.

기대에 부푼 항해가 시작되었다. 직원들도 자신감을 회복하고 여러 방면에서 자구책을 위한 사업들을 진행하면서 분주했다. 그러나 이것도 잠시였을 뿐 2002년 9월 6일 평생 잊지 예상치 못한 일이 펼쳐졌다. 나나 직원들에게나 청천벽력 같은 일이 벌어졌다. 그날은 비까지 부슬부슬 내려 날씨까지 한몫 거들었다.

당시 임대해 있던 성결회관 밖으로 방송 장비들을 비롯하여 집기들이 밖으로 나와 있었다. 창문까지 깨지고 길거리에 방치된 짐들이 마치 사람처럼 처량해 보였다. 일단 방송 장비가 비에 젖지 않게 하려고 컨테이너 두 개를 급히 대여했다. 그런데 이마저 불법 구조물로 신고되어 경찰들이 들이닥쳤다. 모두 분개한 나머지 실랑이가 벌어졌다. 나 역시 집달관에게 항의하고 제지하기 위해 달려들다가 양복 윗도리가 다 찢어졌다.

상황을 알고 보니 방만한 경영으로 부도가 나고 자금이 부족해졌고, 전임자가 임대보증금을 담보로 대출받았고, 이로 인해 임차법 계약 위반이 되고, 거기에 월세까지 못 내서 쫓겨날 수밖에 없게 된 것이다.

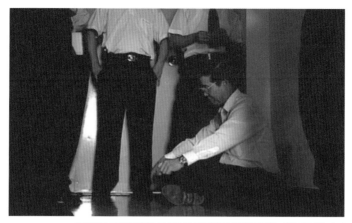
CTS기독교TV의 부도 파산으로 채권단에 의해 폭력을 당한 감경철 사장

그뿐 아니라 입주할 때 천장을 뜯어내고 강당 겸 스튜디오를 만들었던 것도 원상 복구시켜야 했다. 이 외에도 자잘한 난제가 꼬리에 꼬리를 물고 나타났다.

다시금 하나님 앞에 무릎을 꿇었다.

방송은 계속해야 했다. 급한 대로 건물을 임대했다. 남산, 옛날 KBS 한국방송이 있던 자리에 있던 리빙TV의 스튜디오를 일주일에 3일 빌려 쓰기로 했다. 이렇게 남의 집 셋방살이를 하기 시작했다. 나머지 직원들은 나머지는 근처 빌딩 사무실에 가 있고, 이렇게 여기저기 흩어져서 한 2년 생활했다. 그리고 다시는 쫓겨나는 일이 없어야지, 조그마하더라도 내 공간을 가져야지 다짐했다. 다달이 나가는 월세를 감안한다면 장기적인 안목에서 CTS 사옥이 필요했다.

위기 극복을 위한 전 직원 기도회 모습

사옥 건립의 의미

• • •

당시 CTS의 상황은 매우 어려웠다. 회사는 파산 직전 상태였고, 직원들의 월급도 8개월 동안이나 지급되지 않는 등의 재정적 어려움을 겪고 있었다. 이런 상황에서 하나님은 세 가지 담대한 비전을 선포하게 하셨다.

첫째, 사옥 건축의 비전이다. 이 비전은 당시 직원들에게 매우 비현실적으로 보였을 것이다. 월급도 지급하지 못하는 상황에서 어떻게 사옥 건축이 가능하겠느냐는 의문을 제기하기에 충분하다.

둘째, 전국 네트워크 구축이다. 당시에는 CTS가 유일한 기독교 방송사였기 때문에, 전국적인 네트워크 구축은 불필요해 보였다. 그럼에

도 불구하고, 임원들은 비용을 조금이라도 더 아끼기 위해 KTX 역방향 좌석을 타고 오가며 지사 설립을 위해 애썼다.

셋째, 전 세계에 복음 전파이다. 위성 송출비용이 없는 상황에서 전 세계적인 방송을 어떻게 할 것인지에 대한 의문이 당연히 제기되었다.

그러나 하나님께서는 불가능해 보이던 이 세 가지 비전을 모두 실현시켜 주셨다. 사옥 건축은 성공적으로 이루어졌고, 전국적인 네트워크가 구축되었으며, 전 세계에 복음을 전파하는 방송으로 자리매김했다.

그 가운데 CTS 사옥 건립은 여러 가지 의미를 지니고 있다. 우선 새로운 사옥은 기술적, 제작적 측면에서 더 나은 시설을 제공함으로써 방송의 질을 향상시킬 수 있다. 이는 CTS의 미디어 사역을 확장하고, 기독교 메시지의 전달을 강화하는 데 기여할 수 있다.

CTS 사옥은 기독교 커뮤니티에 중요한 장소가 될 수 있으며, 다양한 종교적, 사회적 활동의 중심지가 될 수 있다.

기독교 방송으로서의 역할을 넘어, CTS는 한국 사회 전반에 걸쳐 문화적 영향력을 행사할 수 있다. 새로운 사옥은 이러한 영향력을 더욱 강화하는 기회가 될 수 있다.

새로운 사옥은 최신 방송 기술을 도입하여 디지털 시대에 적응하는 기회를 제공할 것이다. 이는 CTS가 더 넓은 청중에 도달하고, 더욱 효과적으로 메시지를 전달하는 데 도움이 될 수 있다.

새로운 사옥은 CTS의 지속적인 성장과 발전을 상징적으로 보여주는 역할을 할 수 있으며, 이는 내부 구성원들에게 자긍심과 동기를 부여할 수 있다.

빚더미에 올라앉은 상태에서 사옥을 지을 생각을 어떻게 하게 되었을까?

'성전, 영상성전, 그곳은 나를 위한 장소가 아니냐? 내가 머물 곳이 아니냐? 그런데 새집을 달라고 나에게 구할 생각은 안 하고 네가 왜 걱정을 하느냐?

이후 내 기도 태도가 확 바뀌었다. 부채가 얼마니, 갈 데가 없느니 하며 징징거리지 않았다. 대신 담대하게 하나님께 구했다.

"하나님, 사옥을 주십시오!"

만일 성결회관에서 강제퇴거를 당하지 않았더라면? 아마 사옥을 지을 생각을 할 수 없었을 것이다. 그리고 여전히 남의 건물에 세를 내고 살았을 것이다.

하나님께서는 우리에게 비전을 주신 후 기도하게 하신다. 사옥 건립의 비전을 갖게 된 후 하나님께 날마다 부르짖고, 구하고, 찾고, 두드렸다. 먼저 총무팀에게 지시하여 300평 규모의 건물이나 땅을 찾아보게 했다. 그러나 마땅한 물건이 나타나지 않았다. 어느 날 지방 출장을 가면서 경매잡지를 살펴보았다. 그때 내 눈을 사로잡는 것이 있었다. 노량진에 있는 940평 규모의 동아지기 빌딩이었다. 내가 지시했던 평수의 3배에 가깝다 보니 직원들은 애당초 염두에 두지 않았던 것 같다. 컨설팅 업체에 조사를 의뢰했더니 전혀 이상 없는 건물이라고 했다.

신사옥 건축 현장

IMF로 인해 기업들은 줄도산하고, 경매 물건은 넘쳐났다. 그러다가 경매에 나온 노량진 땅을 발견했다. 그동안 4번이나 유찰이 되었기에 입찰 공시가격 공매 가격이 원래 가격의 반 정도로 낮아져 있었다. 입찰에 들어갔고, 대기업을 제치고 낙찰 받았다. 그 당시 유찰가 가이드라인이 67-68억 원이었는데 우리는 71억 3천만 원을 써넣었다. 국내 모 기업도 입찰에 응했다는데 불과 3천만 원 차이로 우리에게 낙찰된 것이다. 그 기업은 이미 낙찰을 확신하고 있었기에 주상복합 건물 건설 신문 광고안까지 다 만들어 놓은 상태라고 했다.

아니나 다를까 모기업으로부터 솔깃한 제안을 받았다. 더 넓은 부지에 웃돈을 얹어 줄 테니 대신 낙찰 받은 땅을 넘겨달라는 것이다. 그러나 이 땅을 위해 기도한 사람들은 이 땅을 누가 주신 것인지 알고 있었다. 세상 계산으로는 그 땅을 양보하는 것이 훨씬 이득이겠지만 하나님의 계산은 달랐다. 이 땅은 하나님이 주신 것이 분명하다는 확신을 하는 이가 한둘이 아니었다.

이제 무슨 돈으로 이 건물을 살까? CTS는 부도로 인해 신용불량 상태니까 대출도 불가능했다. 회사 이름의 통장조차 만들 수 없는 처지였다. 게다가 전문가들 의견으로는 이 건물이 너무 낡았기에 구조를 변경하기보다는 헐고 새로 짓는 것이 더 낫다고 했다. 그렇게 하자면 당연 건축비가 필요할 것이다. 그런데 하나님이 다 채워주셨다. 하나님은 교회를 통해, 성도를 통해, 내 개인 사업체와 가족을 통해 필요한 것을 공급하셨다. 두 차례에 걸쳐 사옥 마련을 위한 모금방송도 했다.

드디어 멀티미디어센터가 완공되었다. 무엇보다 수많은 성도님의 기도와 후원이 없었더라면 이 영상 복음성전은 결코 존재하지 않았을 것이다.

지금도 그때 일이 눈에 선하다. 지금 나는 여전히 CTS와 함께 있다. 그러나 오늘 날의 CTS를 위해 내가 자랑할 것은 하나도 없다. 모두 주님이 하셨기 때문이다.

CTS 신사옥 마련 모금방송을 회상하며
– CTS 준공을 천국에서 보리라

• • •

CTS의 사옥 건축 모금은 방송국의 성장과 확장을 위한 필수적인 단계였다. 시대의 변화와 기술의 발전에 따라, 효과적인 방송을 위해서는 더 나은 설비와 공간이 필요했다. 새로운 사옥은 방송 품질을 향상시키고, 다양한 프로그램을 제작할 수 있는 기반을 마련해 줄 것으로 기대되었다.

CTS에 오래 근무한 직원들은 노량진 사옥 건립을 위한 특별모금 생방송 때의 일을 잊지 못할 것이다. 노량진 사옥 건립을 위한 모금 특별 생방송 이야기를 하면 직원들이 머리를 절레절레 흔드는 사람도 있다. 그리고 내게 원망인지 칭찬인지 모를 이야기를 한다. 그러나 미소를 머금은 채 두 눈을 반짝이며 이야기하는 그들에게서 자긍심을 발견할 수 있다.

"지금 되돌아보면 참 대단했습니다."

"회장님 꿈이 너무 크니까 우리가 좇아가기가 힘들었습니다."

이 모금 활동은 단순히 건물을 짓는 것 이상의 의미를 지녔다. 이는 크리스천 커뮤니티 내에서의 연대와 공동체 의식을 강화하는 계기가 되었다. CTS 사옥 건축 프로젝트는 공동의 목표를 향해 힘을 모으는 과정으로, 참여한 많은 이들에게 소속감과 목적의식을 제공했다.

CTS는 두 차례에 걸쳐 사옥기금마련 특별 생방송을 진행했다. 모금 방송은 CTS의 인기 있는 진행자와 게스트 목사님들이 함께하는 특별한 프로그램으로 구성되었다. 이들은 사옥 건립의 중요성과 그것이 지닌 의미를 공유하며, 시청자들에게 후원의 메시지를 전달했다.

2003년 5월 25일, 〈희망 쌓기 1200〉 특별 생방송은 제목 그대로 1,200만 성도가 복음 전파의 희망을 담아 벽돌 한 장씩이라도 쌓자는 것이다. 남산 스튜디오와 특별 스튜디오에서 이원 방송으로 진행했다. 유명 연예인과 각계각층의 인사가 부 사회자로 또는 게스트로 다양하게 출연했다.

대다수가 하는 말이 지금은 창피해서 못했을 일을 그때는 다 해낼 수 있었다고 말한다. 이렇듯 솔직한 표현들이 나로서는 오히려 고맙다. 대한민국의 많은 성도가 모금에 동참했다.

무수한 벽돌만큼 모금에 동참한 성도들의 사연도 다양하다. 지금 들어도 가슴이 뭉클한 이야기가 한 둘이 아니다. 하나님의 영상성전을 건축한다는 일념으로 의류 행상으로 푼푼이 모은 돈을 헌금한 분이 있다. 척추질환으로 거동이 불편한 데도 나와 헌금을 한 분이 있다. 그 사례를 일일이 헤아리기 어려울 정도이다.

그 가운데 청주에서 오신 한 목사님에 관한 이야기를 소개한다. 이 목사님은 당뇨병으로 인해 다리를 잃었고, 사모님이 운전하는 봉고차를 타고 방문하셨다. 도착하자마자, 사모님이 목사님을 휠체어에서 도와주어 공사용 엘리베이터를 이용해 아파트 외벽으로 올라가셨다.

목사님은 CTS 방송국의 준공을 이 땅에서 보지 못할 것 같다고 말씀하셨고, 천국에서 보겠다고 하셨다. 가슴을 울리는 말씀이 아닐 수 없다. 그리고 마지막으로 축복기도를 해주셨으며, 헌금을 남기셨다. 이 헌금은 총 100여만 원으로, 1천 원짜리 지폐가 대부분이라 봉투가 아주 두툼했다. 넉넉지 않은 상황에서도 정성스레 모은 헌금과 함께 축복기도를 해주신 그분의 기도를 하나님은 기억하실 것이다.

분명한 사실은 기독교TV가 어려움을 딛고 일어설 수 있었던 것은 CTS 직원들과 내 가족, 또 끝까지 기도와 후원을 아끼지 않았던 성도들이 있었기에 가능했다.

임직원들의 땅 밟기 기도도 잊을 수 없다. 아내는 거의 매일 건설현장에 와서 눈물로 기도했다. 땅 밟기 기도는 새로운 사옥이나 교회 건물이 들어설 땅을 영적으로 준비하는 과정이다. 이 기도를 통해 그 지역에 하나님의 강복과 보호를 구하고, 모든 건축 과정이 하나님의 뜻에 따라 이루어지기를 구했다. 또한 땅 밟기 기도는 하나님께서 이루어주실 줄 믿는 믿음의 선언이었다. 땅 밟기 기도는 믿음의 지체들의 일치와 결속을 보여주었다.

● ● ●

2차 모금방송은 2004년 5월에 진행되었다. 그런데 이때 준비과정에서 난관에 봉착했다. 기독교TV의 사옥기금 모금방송이 현행법에 위반되는 것이 아니냐는 의문이 제기된 것이다. 그뿐 아니라 모금된 헌금을 개인적으로 유용하고 회계를 조작했다는 의혹까지 제기되었다. 이로 인해 세간의 이목이 집중되었다. 사장인 나는 한국기독교사회문제연구소로부터 고발을 당했다. 교회개혁실천연대를 비롯한 13개 기독단체들은 공동대책위원회까지 구성해서 기자회견을 열기까지 했다.

그들의 주장에 따르면 주식회사가 사옥기금 명목으로 불특정 다수의 성도들로부터 기부를 받는 것이 위법이라는 것이다. 나로서는 억울하다 못해 참담하기가 이루 말할 수 없었다. 나는 이사들과 함께 서울 코리아나 호텔에서 사옥헌금 감사 및 현황보고회를 열었다. 그리고 고문변호사는 법적인 정당성을 피력했다.

CTS는 형식상 주식회사지만 한국 교회 86개 공교단과 43개 주주교단이 참여하고 있기 때문에 기부금품 모집규제법의 예외 규정에 해당하는 종교단체다. 또한 CTS방송 사옥 신축비를 위한 기부금 모금행위는 적법하다.

누가 옳고 그르냐를 떠나서 일단 고소·고발 사건에 휘말리면 잃는 것이 더 많은 법이다. 그리고 한번 손상된 명예를 회복하는 것 또한 쉽지 않다. 마치 가짜뉴스를 놓고 팩트 체크를 해서 가짜라는 것을 증명해봤자 이미 그 독소는 퍼져버린 상태와 같기 때문이다. 나 역시 그 해 12월 서울중앙지검에서 모두 무혐의 처리를 받았다. 이것으로 CTS 사옥기금 모금방송을 둘러싼 의혹이 일단락되었다.

그렇게 CTS기독교TV 멀티미디어센터는 2년 3개월의 공사 끝에 완

2005년 2월 22일 노량진 신사옥 준공식 모습
(중앙에 감경철 사장과 고 조용기 목사, 고 김선도 감독, 이명박 당시 서울시장 등 주요 인사들이 함께했다.)

공되었다. 지상 13층과 지하 2층 건물로 최신 방송시설뿐 아니라 아트홀까지 갖추게 되었다.

새로운 사옥의 완공은 CTS의 방송과 미디어 활동에 중요한 전환점이 되었다. 더 나은 시설과 장비를 갖춘 사옥은 방송의 질을 향상시키고, 더 다양한 내용의 프로그램을 제작할 수 있는 기반을 제공했다. 이를 통해 CTS는 더 넓은 시청자 층에게 도달하고, 크리스천 메시지를 더 효과적으로 전달할 수 있게 되었다.

벽돌 한 장 한 장에 새겨진 수많은 사람들의 눈물과 기도와 헌금을 하나님은 정확히 기억하실 것이다.

고난을 넘어

믿는 사람들은 누구나 마찬가지겠지만 나 역시 고난을 피할 수 없었다. 고난의 깊이가 더할수록 소명의 열매가 영글어 간다는 것을 뒤늦게야 깨달았다.

지난 기억을 세세히 나열하기는 힘들다. 그러나 그리 길지 않은 이 책에 내 인생의 강이 흐르게 하기 위해서 눈을 감고 지난 기억들을 더듬어본다. 어떤 곳에서는 수치를 당했고 어떤 곳에서는 영광을 누렸던 기억들이 까만 활자로 흰 종이 위에 찍힐 것이다.

2006년 5월 어느 날, 새벽기도를 마치고 출근했을 때 검찰청 특수부에서 압수수색이 나왔다. 나는 사옥건축을 하면서 횡령과 부당이득을 취했다는 혐의를 받았다. 쉽게 말하자면 내 소유의 여러 기업을 운영하면서 회사 간에 자금을 대여해 주었는데 그것이 법적으로는 횡령이고 배임이라는 것이다. 세간에는 내가 마치 CTS 돈을 횡령한 듯한 말이 돌고 있다. 그러나 그 당시 CTS는 돈 한 푼없는 상태였는데 무슨 돈을 횡령한단 말인가?

내가 운영하던 사업체를 CTS에 담보로 제공하는 등 CTS 재정을 위해 활용한 것이다. 그러나 아무리 내 소유라도 그렇게 하면 안 되는 것이 법적 해석이었다.

CTS 사옥을 건축한 하청업체에서 문제는 시작되었다. 건설에 참여한 모 업체가 고발을 당해 수사를 받았다. 그 과정에서 회계장부 및 서류를 검토하다가 시공을 맡긴 CTS까지 수사망에 올랐다. 검찰은 사옥 부지를 낙찰 받은 후 조성된 자금의 출처와 사용 내역을 문제 삼았다. 처음에 대수롭지 않게 생각했던 검찰에게는 소위 건수가 생긴 셈이다. CTS 멀티미디어센터 건축 시행사가 '조은닷컴'이었고, 내가 그 회사의 대주주였다. 이로 인해 내겐 업무상 횡령 및 배임이라는 혐의가 씌워진 것이다.

횡령과 배임의 의미가 구체적으로 무엇을 의미할까? 연거푸 말하지만 그 당시 CTS는 부도법인으로 자력으로 자금을 조달할 수 없었다. 그래서 내 가족이 운영하던 회사를 통해 자금을 조달했다. 조은닷컴은 건축업체에 시공 발주를 할 때 발생한 민원을 처리하기 위해 5억 여 원을 사용했다. 물론 이 모든 내용은 기록으로 남겨져 있었다. 비록 부외 자금으로 조성된 것이지만 그것은 관행이었다.

남의 돈을 내 돈처럼 쓰는 것이 횡령이다. 그러나 내 경우에는 횡령이 성립될 수 없었다. 다만 내가 직접 돈을 쓰지 않았더라도 조은닷컴이 내 가족 회사니 부외자금에 대한 사실을 알기만 해도 횡령이라는 해석이다. 이때부터 대대적인 압수수색이 시작되었다. 문제는 점점 더 커졌다.

후에 들은 이야기지만 검찰은 이 사건을 큰 건으로 보았던 것 같다. 예컨대 CTS 사옥의 가치가 2천억 원이라는 낭설에 휘말려 냅다 파고들면 뭔가 나올 것으로 짐작한 것이다. 검찰은 10년 치 서류를 챙겨 갔지만 아무것도 건지지 못했다.

이때 나와 내 가족은 마치 불 속을 걷는 느낌이었다. 지금까지의 헌신이 업무상 배임과 횡령이라는 이름표만 남겼다. 나와 가족들은 난생처음 주위의 따가운 시선을 견뎌내야 했다. 억울해도 이해해 줄 사람이 아무도 없는 가운데에서 말이다. 시련은 여기서 그치지 않았다. 나는 결국 수원구치소에 갇히는 신세가 되었다.

구치소에서 아마 바울과 실라도 이런 심정이었겠구나 생각했다. 수감된 다음 날 조용기 목사님이 특별 면회를 오셨다. 바쁜 일정 가운데 내 소식을 듣고 달려오신 것이다. 그때 나는 성경을 보며 기도하고 있었다. 조 목사님은 왜 상황이 이렇게 흘러가도록 아무 말도 하지 않았느냐고 하시며 속상해하셨다. 이어 김선도 감독님, 김삼환 목사님, 오정현 목사님, 박종순 목사님, 길자연 목사님, 김장환 목사님 등 한국 교

2012년 11월 2일자 조선일보 기사

계의 영적 지도자들이 찾아와 나를 위로하셨다. 하나님은 이 분들을 통해 괜찮다며 나를 다독이셨다.

CTS 사옥 신축 과정에서 공사비를 부풀려 회사 돈을 횡령했다는 의혹과 관련해서도 결국 최종적으로 무혐의 처분을 받았으나 1개 언론사(조선일보)를 빼고는 이 사실을 다루어주지 않았다.

"검찰은 고강도 수사를 진행했지만, 최종적으로 감 회장에게 혐의가 없다고 판단하여 불기소 처분을 내렸다. 이 사건으로 감 회장과 CTS는 재정적, 정신적 피해를 입었으며, 이는 하나님의 공의가 살아 있음을 보여주는 사례로 여겨졌다."

"감경철, CTS기독교TV 회장은 횡령 혐의와 관련하여 과거에 무혐의 처분을 받았다. 서울중앙지검 첨단범죄수사1부는 감 회장이 CTS 사옥 신축 과정에서 회사 자금을 횡령했다는 의혹에 대해 조사를 했지만, 감 회장의 자금 횡령 사실이 드러나지 않아 무혐의로 결론 내렸다."

나중에서야 개인적인 횡령이 아니라는 법원판결이 밝혀졌지만 그때 입었던 가족들의 상처와 훼손된 명예는 여전히 그 흔적이 남아있다.

나로 말미암아 너희를 욕하고 박해하고 거짓으로 너희를 거슬러 모든 악한 말을 할 때에는 너희에게 복이 있나니 기뻐하고 즐거워하라 하늘에서 너희의 상이 큼이 라 너희 전에 있던 선지자들도 이같이 박해하였느니라(마 5:11-12)

• • •

내가 제시하는 비전과 경영에 대해 내부적인 갈등은 분명 존재했을 것이다. 지금도 여전히 존재한다. 사람이 둘 이상 모인 이상 모두가 내 마음과 같지는 않을 것이다. 오히려 이것은 자연스럽고도 건강한 현상 이다.

일단 나의 시각과 다른 이의 시각이 일치하기가 쉽지 않다. 처음에 는 이해 못하고 비판하거나 반대 입장을 취했더라도 일정 시간이 지나 면 되어가는 모양을 보고 그제야 내 뜻을 이해한다.

여하튼 대다수의 직원이 내 뜻을 따라주고 움직여주지 않았다면 지 금의 CTS는 없었을 것이다. 특히 그 가운데 여호수아와 갈렙과 같은 직원들이 있어 모두에게 긍정적인 영향력을 발휘했다. 이들에게는 각 별히 감사하다.

CTS는 믿음의 기업이다. 따라서 이들이 나를 믿고 따라와 준 것은 우리에게 믿음이라는 공통분모가 있었기 때문이리라. 아니 나를 믿고 따라온 것이라기보다는 비전을 주고 행하게 하신 하나님을 믿고 따라온 것이다.

CTS를 돈이 많은 방송으로 생각하는 사람들이 많다. 어찌 보면 맞는 말이기도 하다. 물주는 하나님이시고, 한국 교회의 많은 분이 관심을 갖고 정기후원을 해주시기 때문이다. 정기후원의 액수는 1천 원부터 다양하다. 이렇게 모아진 돈으로 방송을 하고, 해외 선교사님들을 돕는다.

특히 코로나 팬데믹 때에는 영상 선교 방송의 중요성을 실감했다. 비대면 조치로 인해 한국 교회가 많이 힘들어할 때에, 교회에 가지 못하던 많은 성도가 믿지 않는 가족과 함께 영상을 통해 하나님을 기억하고 예배드릴 수 있었다.

지난 이야기 _ 나의 반쪽 이야기

• • •

내가 수원구치소에 갇혀 있는 동안 지인들이 아내를 위로하고자 가정방문을 했다.

얼마 전 한 지인이 그 당시 아내의 모습을 이렇게 전했다.

"제가 목사님이랑 심방을 갔었어요. 한여름이었지요. 그 당시 단독주택에 사셨는데 한여름인데 창문을 다 닫아놓고 선풍기도 틀지 않고 반바지 차림에 무릎 꿇고 앉아 찬송을 부르시고 있는 거예요. 그렇게 혼자 기도하시면서 펑펑 우시더라구요."

나는 아내의 믿음이 나보다 크다는 말을 종종 해왔다. 그런데 아내는 자기가 남편 등을 떠밀어 CTS로 가게 해서 지금 이런 고난을 받는다며 울었다는 말을 들으니 가슴이 미어졌다.

"감 장로 저렇게 고생하는 건 나 때문이야. 안 하겠다는 걸 나랑 목사님이랑 모 전도사님이랑(두 분 모두 지금은 고인이 되셨음.) 우겼거든. 살아가면서 성전 하나를 헌납해도 영광인데 CTS는 영상 성전인데 이게 얼마나 큰 영광이냐. 당신이 해라 하면서 밀었거든. 본인 사업도 힘든 상황에서."

지인의 말은 여기서 그치지 않았다.

"그때 CTS는 이미 부도 파산되었고 자금이 없어서 개인회사 돈 끌어당겨 사옥 건축에 부었단 말이에요."

이 짧은 말에 만감이 교차했다. 다만 나나 내 아내가 CTS 영상 성전을 위해 (그의 표현대로) '몰빵'을 한 것은 사실이다.

인터넷 바다에는 거짓과 진실이 함께 떠다닌다. 이것은 사실이고 저것은 거짓이라고 제아무리 외쳐도 모든 이의 인식을 바꿀 수는 없다. 거짓과 진실은 늘 공존했다. 예수님 시대에도 마찬가지였다. 어느 편에 설 것인가 선택하는 것은 각자의 몫이다. 그리고 진실은 언젠가 드러나며 본연의 빛으로 어둠을 몰아낸다. 아직도 내 이름을 검색하면 횡령이니 뭐니 하는 단어가 따라 붙는다. 그러나 그 결정에 대한 판단은 우리 몫이 아니다. 장차 그분 앞에 섰을 때에야 알 수 있을 것이다.

• • •

아내를 만나 결혼하기까지의 일들이 주마등처럼 스쳐 간다.

그 당시 시골 총각이 서울에 올라와 장가를 든다는 것은 그리 흔한 일이 아니었다. 그 당시 때가 되어도 장가를 못 가는 청년들이 수두룩했다. 친구 아내와 학교 동기인 아가씨를 소개받아 데이트를 하게 되었다. 서로를 향한 마음이 무르익어 드디어 결혼을 결심하기에 이르렀다. 미래의 장인·장모께 인사를 드리러 갔다. 그런데 가족들 반응이 반반으로 나뉘었다. 일단 장모님은 내가 마음에 드셨던 것 같다. 반면에 장인은 내 얼굴도 보기 전부터 반대 의사를 비치셨다. 또한 이런저런 이유로 결혼에 이르기까지 그리 순탄하지는 않았다. 그래도 나는 계속 결혼하겠다는 의지를 드러냈다.

결혼 후 장인어른께 물었다.
"왜 그렇게 저를 반대하셨습니까?"
이 질문에 선뜻 답을 하시지 않았다.

답을 듣긴 했으나 지금 생각하면 그리 심각한 문제도 아니었다. 장인이 부산 출신인데 나 역시 경상도 출신이라 그리 자상하지는 않을 것이라는 막연한 편견 때문이었다. 더구나 내 아내는 막내딸로 아버지의 귀여움을 듬뿍 받고 자랐는데 무뚝뚝한 남편을 만나면 여린 마음에 상처를 입지는 않을까 하는 기우였다. 이것은 딸이 나를 만나기 이전부터 품고 있던 생각이었다.

그런데 정작 나를 사위로 맞이하고 난 뒤에는 나를 참 좋아하셨다. 장인어른은 85세에 소천하셨다. 말년에 이르러 정신이 오락가락, 자녀들의 이름조차 선뜻 떠올리지 못하셨지만, 사위 이름만은 기억하셨다.

지금 하나님이 주신 배필 박양희 권사는 나의 평생의 기도 동역자로 내 곁에 꿋꿋이 서 있다. 환난이 닥칠 때마다 아내의 눈물 기도는 더욱더 깊어졌다. 오래 전의 불심은 하나님을 향한 간절한 기도로, 지극정성 보시(布施:자비심으로 남에게 재물이나 불법을 베풂)는 CTS를 위한 헌물이 되었다.

이따금 심신이 약해질 때면 내가 평생 당신을 도왔으니 이제 나를 보살펴 달라는 말을 하기도 한다. 그런 말을 하는 아내의 심정을 충분히 이해한다. 그러나 내 발은 어김없이 CTS로 향한다. 복음전파의 사명, 다음세대, 교육선교, 내게 주어진 소명을 조금이라도 더 수행하고 싶기 때문이다. 또한 주의 부르심은 내 일상과 함께하기 때문이다. 주의 손에 내 삶이 들려있듯이 아내의 삶 역시 주님 손에 들려 있다고 믿는다. 그래서 날마다 주께서 친히 박 권사를 지키시고 보호해 주시길 기도한다.

여호와 하나님이 이르시되 사람이 혼자 사는 것이 좋지 아니하니 내가 그를 위하여 돕는 배필을 지으리라 하시니라(창 2:18)

문화선교로의
부르심

서울시청 앞 성탄 트리 꼭대기에 별을 달 것인가 십자가를 달 것인가? 이 차이에 대해 생각해 본 사람은 몇 명이나 될까?

어느 마을버스 기사님이 SNS에 서울시청 성탄 트리 사진과 함께 짤막한 글을 올린 적이 있다. 코로나로, 경제난으로 잔뜩 구겨진 얼굴을 마스크로 가리고 출근하는데, 서울시청 앞 성탄 트리를 보고 미소를 지을 수 있었다는 내용이다. 음울한 일상에서 반짝이는 트리의 불빛을 보니 올해도 크리스마스가 오는구나 생각하면서 잠시나마 희망을 품었다고 한다.

CTS는 2002년부터 한국 교회의 지원과 서울시의 후원으로 서울시청 성탄 트리 점등식을 해왔다. 2002년은 한국과 일본이 공동으로 제17회 FIFA 월드컵을 개최한 해이기도 하다.

이 해에 CTS는 성탄트리 점등행사와 함께 불우이웃돕기 특별 생방송을 진행했다. 그 후 지금까지 CTS는 한국 교회와 연합하여 대한민국 성탄 축제를 이어가고 있다.

시청 앞 성탄트리 예삐와 함께

시청 광장에 서 있는 성탄 트리 꼭대기에 달린 십자가가 성탄절의 주인공이 누구인지를 상기시킬 것이다. 또한 진정한 성탄의 기쁨과 의미를 알리는 동시에 기독교 축제로 이어가고 싶었다. 따라서 성탄 트리 점등행사는 일회성 퍼포먼스가 결코 아니다. 특히 서울광장은 한 시대의 문화와 사상이 집결되어 나타나는 곳이 아닌가. 이런 곳에서 트리 꼭대기에 십자가를 단다는 것은 보는 이로 하여금 기독교와 한국 교회를 무의식적으로나마 떠올리게 될 것이다.

이처럼 문화선교란 거창한 것이 절대 아니다. 대중 속에 자연스럽게 스며들어 순간적으로 십자가, 복음을 어필하는 것이다.

우리는 교회 안에서나 밖에서나 문화는 점점 더 세속화되어 가고 있다. 믿는 사람이나 안 믿는 사람이나 정체 모를 다양한 문화의 홍수 속에서 허우적댄다. 이른바 탈기독교 시대에 살고 있다. 이것은 곧 기독교가, 기독교 문화가 우리 사회에 미치는 영향이 미미해졌음을 의미한다. (서구역사 속에서 기독교 문화는 문화·예술·정치·철학 등에 꾸준히 영향을 끼쳐 왔다. 그 가운데 건축·미술·음악·문학작품 등은 지금까지도 영향력을 발휘하고 있다.)

다국적 콘텐츠의 시대에 접어든 지 꽤 오래다. 이에 따라 국가 간의 경계도 모호해졌다. 문화·과학·예술·사회·자연의 모든 경계도 무너지고 있다. 이렇듯 급변하는 문화시대 속에서, 특히 한국에서 기독교 문화는 어떠한 모습으로 비춰질까?

이러한 현상은 미국에서도 마찬가지다. 미국 교회에서도 기독교 문화는 반 이상이 이미 정체기 또는 쇠퇴기에 접어든지 오래다. 기독교 문화가 사회발전의 장애로 생각한다고 생각하는 사람 또한 적지 않다. 그럼에도 불구하고 이러한 세상의 물살을 헤치고 거꾸로 올라가는 노력은 지속되고 있다.

부활절 퍼레이드

• • •

퍼레이드의 사전적 의미는 '여러 사람이 함께 행진하며 즐기는 축제 행렬'이다. 퍼레이드는 그 주제와 목적에 따라 다양하다. 공통점이 있다면 퍼레이드를 통해 참여자들은 소속감과 유대감을 느낀다는 것이다. 또한 자신의 문화와 전통을 자랑하고, 다른 사람들과 소통하고 교류할 수 있다. 부활절 퍼레이드는 기독교 문화의 하나로 시작되었지만 기독교인만을 위한 것이 아니었으며, 누구나 참여할 수 있고 즐길 수 있는 문화축제다.

미국 출장을 갔을 때 다양한 퍼레이드를 보면서 느낀 것이 많다. 특히 미국의 부활절 퍼레이드를 보면서 우리나라에서도 해봄직하다는 생각이 들었다.

더욱이 우리나라는 2002년 월드컵 때 서울시청 앞 광장, 광화문 네거리, 신촌로터리 등 서울시의 주요 광장은 물론 전국 대도시에 붉은 티셔츠를 입은 사람들이 모여 응원을 했다. 그리고 응원이 끝난 후에는 뒷정리까지 잘 마쳤다. 이렇게 길거리 응원이란 개념이 자리매김하면서 축제나 퍼레이드의 모판도 이미 마련된 상태다.

부활절 퍼레이드는 부활절을 기념하여 열리는 축제 행렬로, 다양한 지역과 국가에서 개최된다. 스페인의 경우, 바르셀로나에서 성주간(Holy Week: 그리스도의 부활을 축하하기 전에 그 수난과 죽음을 기념하기 때문에 고난주간) 동안 다양한 거리 행렬과 축제가 열린다. 이 가운데 '세마나 산타(Semana Santa: 스페인어로 부활절)'로 불리는 부활절 퍼레이드도 포함된다. 스페인의 세마나 산타 가운데 세비야의 퍼레이드가 세계적으로 가장 유명하다. 그래서 이 시기가 되면 많은 관광객이 이를 보기 위해 세비야를 찾는다.

브라질 '이스터 퍼레이드'는 리우데자네이루에서 매년 부활절 일요일에 개최된다. 삼바, 재즈, 팝 등 다양한 장르의 음악과 춤, 퍼레이드 등이 어우러져 화려한 볼거리를 제공한다. 브라질의 이스터 퍼레이드 역시 세계적인 관광 축제 중 하나로 많은 관광객이 참여한다.

부활절 퍼레이드는 미국의 많은 도시에서도 열린다. 그 가운데 뉴욕 부활절 퍼레이드가 가장 유명하다. 지역 시민들은 정해진 길을 따라 계란 찾기도 하고 부활절 테마 놀이도 한다. 다양한 연령대에 맞춘 다양한 공연, 뮤지컬 등을 즐길 수 있다.

특히 뉴욕 5번가에서 매년 부활절 주일에 '이스터 퍼레이드'를 진행한다. 이스터 퍼레이드는 1870년에 시작되었으니 150년 이상의 역사를 가지고 있다. 보스턴 이스턴 퍼레이드도 빼놓을 수 없다. 보스턴 이스터 퍼레이드 역시 100여 년의 역사를 자랑한다. 미국 부활절 퍼레이드에 백만 명이 넘게 모일 정도로 시민들의 호응이 컸던 때가 있다.

그러나 2000년대에 접어들면서 인기가 많이 떨어졌다. 그래도 여전히 많은 사람들이 특별한 복장을 하고 이 행사에 참여하며 즐거워한다. 그러나 코로나 시즌 때에는 잠시 중단되었다.

• • •

그렇다면 우리나라에서는 어떤 식으로 부활절 퍼레이드를 할 수 있을까? 우선 내 머릿속에 그려진 것은 조선 시대의 어가 행렬(왕의 행차)이었다.

'도로변과 객석에서 모두 볼 수 있어야 할 텐데.'

'각 주제별로 만든 것을 기차처럼 연결하는 것은 어떨까?'

'우리나라에 선교사가 들어올 때 탔던 배 모형을 만들어보면 어떨까?'

CTS는 2019년 12월부터 부활절 퍼레이드를 준비했다. 2021년과 2022년에는 코로나 팬데믹으로 인해 녹화촬영을 하여 비대면으로 진행되었다. 참고로 2022년 11월 5일 토요일에는 '코리아 퍼레이드'도 진행될 예정이었으나 안타깝게도 국가 애도 기간(이태원 참사)과 겹쳐 결국 현장 퍼레이드는 취소되고 12월 24일 방송으로 진행되었다.

부활절 퍼레이드 'The Miracle 2022'는 2022년 5월 14일 일산 빛마루 방송지원센터에서 생방송으로 진행되었다. 어둠의 시간을 뒤로하고 희망의 빛으로 사랑·화합을 전했다. 'THE MIRACLE 2022'는 비대

2023 부활절 퍼레이드에 참여한 초대 선교사와 범선 행렬

면 방송으로 진행되었으며, 총 3부로 나눠져 3시간 동안 전 세계에 생방송되었다.

마침내 코로나 19로 인한 비대면 시대가 끝난 2023년 4월 9일 CTS는 광화문과 시청광장에서 '2023 부활절 퍼레이드'를 개최했다. 2023 부활절 퍼레이드 공동대회장으로서 감회가 남다르다. 오래전부터 꿈꾸었던 것이 이루어졌기 때문이다. 한국 기독교 140년 역사상 처음이다. 미국의 150년 역사와는 비교할 수 없겠지만 한국 선교 역사 최초라는 사실이 의미가 깊다.

서울 광화문 광장을 출발해 세종대로를 따라 서울광장까지 이동한 뒤 광화문 광장으로 돌아왔다. 광화문 광장은 서울의 심장이며 대한민

2023 부활절 퍼레이드 공동대표회장
(왼쪽부터 감경철 회장, 소강석 목사, 이영훈 목사, 이 철 감독)

부활절 퍼레이드 당시 광화문 광장에서 서울시청 광장으로 이어지는 행렬들

국의 상징적인 공간이다. 이러한 공간에서 2023 부활절 퍼레이드를 통해 우리는 사랑과 생명, 화합과 회복을 노래했고, 죽음에서 부활하신 그분의 생명을 노래했다. 갈라질 대로 갈라진 마음들이 하나 되는 '하나님(The One)'의 메시지를 전했다.

하나 됨 즉, 'The ONE'에는 소외된 이웃을 돌보자는 의미의 'The Others', 자연과 생명의 소중함을 알리자는 'The Nature', 지구 환경 위기를 위한 실천인 'The Earth'의 첫 자를 모은 것이다.

부활절 마스코트 '예삐'도 탄생했다. 예삐는 예수님의 삐약이라는 뜻이다. 노란 병아리만 보아도 부활을 떠올릴 수 있다. 또한 예삐는 다음 세대를 상징하기도 한다. 코로나로 인해 2년 동안 사용을 못해서 결국 녹화촬영을 한 후 비대면으로 진행하게 되었으나 2023년에 이르러

대면으로 진행된 것이다. 부활절 퍼레이드는 앞으로도 한국 교회와 대한민국을 대표하는 기독교 문화축제가 되어 신앙의 유산을 대대손손 물려주기를 바란다.

K-가스펠

• • •

"오 아름다와 주님의 사랑 그 무엇과도 비교할 수 없는…"

이 찬양을 듣고 얼마나 많은 사람들이 영혼의 울림을 느꼈을까? '에필로그'라는 이름의 시각장애인 3인조 혼성 그룹이 찬양을 할 때 얼마나 많은 사람들이 눈물을 흘렸을까? 제작진도 눈물을 흘렸다는 말을 들었다. 나 역시 그 천상의 목소리의 울림을 잊을 수 없다.

에필로그 팀은 목사님 부부와 한 형제로 구성되었다. 제1회 K-가스펠 대회에 참가한 에필로그는 입상을 하지는 못했지만 이미 하나님 앞에서 상을 받았으리라 생각한다.

그 눈물은 장애인을 향한 단순한 안쓰러움과는 전혀 관계가 없다. 이들이 입을 열어 찬양할 때 그 안에 담긴 영성이 많은 영적 시각장애인의 눈을 뜨게 했기 때문이다. 이들의 찬양을 통해 많은 사람이 영혼의 생기를 얻었다. 다윗은 시편에서 하나님을 찬송하는 일이 아름다울 뿐 아니라 마땅하다고 말했다.

마스크 시대에 시작되었던 K-가스펠, 이제 탈 마스크 시대에도 이

K-가스펠에서 윤석전 목사와 함께

어졌다. 코로나19로 인해 집 밖만 나서면 모두가 마스크를 써야 했던 때가 엊그제다. 예배는 비대면으로 진행되어야 했고, 먹을 때를 빼고는 입을 여는 것이 조심스럽기 그지없던 때다. 탈 마스크가 시작된 지 얼마 되지 않지만 어느새 코로나의 그늘은 우리 기억 저편으로 사라지고 있다. 그만큼 우리가 기억해야 할 것은 늘어나고 기억력은 한계가 있기 때문일 것이다.

• • •

'K-컬처'라는 용어를 자주 듣고, 자주 사용하고 있다. 이 용어는 언제 등장했을까? 90년대 중반 혹은 후반부터일 것으로 추정한다. 이 무렵 중화권(중국, 홍콩, 대만 등 중국어와 한자를 사용하는 곳)에서 음악이나 영상 분야에서 한국의 문화 콘텐츠가 인기를 얻으면서 한류라는 용어가 시작되었다.

K-가스펠 시상 모습

이어 한국을 뜻하는 'K'를 붙인 용어들이 줄줄이 등장했다. K-팝, K-댄스, K-뮤직, K-드라마, K-필름 등 이루 헤아릴 수가 없을 정도이다. 이것들을 하나로 'K-컬처'로 정리했다.

그렇다면 K-가스펠은 어떠한가? 어떤 사람들에겐 아직 낯선 용어일지도 모른다. K-가스펠은 CTS기독교TV의 찬양오디션 프로그램으로, 코로나19로 지친 이들을 위로하고 회복시키기 위해 제작되었다. 그리고 2023년 K-가스펠 시즌2가 진행되면서 기독교 사상 최대 오디션이라는 말까지 듣고 있다.

K-가스펠을 통해 이러한 편견이 깨지고, 찬양자의 영성이 선한 영향력을 발휘할 것을 소망한다.

K-가스펠 시즌2에도 영성을 아름답고 감동적인 찬양자들이 참가

했다. 상금이 걸려 있는 오디션 프로그램이지만 세상의 오디션과는 사뭇 다르다. 하나님께 드려지는 찬양은 'Show'가 아니기 때문이다. 그리스 원어로 '찬양'은 '노래하다', '고백하다'라는 뜻이다. 우리의 찬양을 통해 복음이 선포될 것이다.

BTS(방탄소년단)가 빌보드 차트에서 여러 차례 1위를 차지했다는 뉴스를 여러 번 접했다. 빌보드 차트는 미국에서 가장 권위 있는 음악차트로서 보드 장르에는 CCM(Christian Contemporary Music)도 포함되어 있다. CCM이 일반가요와 겨루어 종종 높은 순위를 차지하기도 한다. 이러한 현상은 미국 뿐 아니라 영국, 호주 등에서도 마찬가지다. 우리나라도 K-가스펠을 시작으로 언젠가는 가스펠. CCM이 일반인의 마음과 영을 감동시킬 때가 올 것이다.

찬양은 하나님을 위한 것일 뿐 아니라, 하나님의 선하심을 사람들에게 알리기 위한 방법이기도 하기 때문이다. 우리 CTS 직원들 역시 매월 마지막 금요일 아침 예배는 찬양예배로 드린다. 30분 정도 찬양을 한 후 목사님의 간단한 설교를 듣는다. 찬양. 반주팀은 주로 젊은 직원들을 중심으로 구성되어 있는데, 기쁨으로 드려지는 찬양예배를 통해 모두가 CTS의 소명을 재확인하게 된다.

하나님이 우리를 지으신 목적은 바로 "나를 찬송하게 하려 함"(사 43:21)이다.

● 3부 ●

부르심은
이어지고

아프리카를 품으라

김선도 감독님을 통해 나는 예수님을 믿고 '예비군 장로'라는 별명을 얻었다. 그 후 이 철 감독님을 통해 나는 아프리카를 품게 되었다.

CTS의 모토는 순수 복음 방송, 섬김과 나눔의 방송, 세계를 교구로 하는 방송이다.

나를 CTS로 부르셨으니 이 세 가지는 나의 소명이기도 하다. 부도가 난 CTS를 살리는 일에 나를 부르셨고 나는 순종했다. 그 후 줄곧 CTS는 이 세 가지 소명을 위해 달려왔다.

두 번째 부르심에서 나는 '1만 1천'을 서원했다. 그리고 중국에서 그 서원을 풀어나가다가 아프리카로 옮겨갔다.

하나님께서는 아프리카의 다음 세대를 세우는 교육선교사의 소명을 주셨다. 세계적으로 수많은 NGO가 아프리카에 우물을 파주고 빵을 나눠준다. 그러나 CTS는 단지 그들에게 빵을 주기 위해 그곳에 가는 것이 아니다. 오래 전 파란 눈의 선교사들이 이 땅에 와서 행한 것처럼 이제 우리가 아프리카에서 같은 일을 해야 한다. 가르치고, 치료하고, 지도자를 양성하고, 다음 세대를 키워내는 것이다. 단지 빵으로만은 그들의 미래를 바꿀 수 없다.

나는 목사도 선교사도 아니다. 평신도 장로일 뿐이다. 그러나 이 땅에 얼마나 많은 평신도가 있는가? 그 수많은 평신도들이 이름 없이 헌신하고 섬겨왔다. 그 결과 대한민국의 기독교(개신교) 인구는 약 1,031만 명으로, 전체 인구의 20%를 차지하게 되었다.

이제 한국 교회가 고인 물이 되지 않도록 이 역량을 외부로 돌려야 할 것이다.

오직 성령이 너희에게 임하시면 너희가 권능을 받고 예루살렘과 온 유대와 사마리아와 땅끝까지 이르러 내 증인이 되리라 하시니라(행 1:8)

'전 세계를 교구로 한다'는 CTS의 3대 비전과 사명을 행하기 위해 CTS는 지금도 복음의 불모지에 씨를 뿌리고 있다.

나 역시 이 비전을 위해 바쁜 일정 속에서도 아시아와 아프리카, 캄보디아, 온두라스 등 선교지를 방문하려고 애써왔다. 특히 아프리카를 방문할 때면 오래전 서양의 선교사들이 척박한 이 땅을 밟았을 때도 이런 심정이었겠구나 생각한다. 우리나라에 왔던 초기 선교사들은 한국 근대 교육에 큰 영향을 미쳤다. 성경을 한국어로 번역하여 보급하기도

하고 학교를 설립하기도 했다.

국제사회는 오래전부터 식량과 보건을 중심으로 아프리카를 지원해
왔다. 그러다가 근래에 이르러 아프리카의 교육을 염려하는 단체나 사
람들은 늘어나기 시작했다. 선교단체를 포함하여 이 분야의 전문가들
이 아프리카의 교육을 위한 사업을 시작했다. 아프리카에 교육 인프라
가 열악한 이유는 식민지 통치를 용이하게 하기 위한 강대국의 전략 때
문이다.

아프리카 역시 이 한반도 못지않게 가난하고 척박했다. 그러나 하
나님은 그곳에 귀한 보물을
숨겨두셨다. 그것은 유럽
강대국이 탐내던 자원(광물,
상아, 다이아몬드)보다 더 귀한
영혼들이다. 동아프리카에
선교베이스를 구축하는 것
이 비전이다.

르완다 김경수 선교사와 함께 기념 식수하는 모습

동 아프리카의 중심 국
가는 케냐, 우간다 그리고
탄자니아다. 동아프리카는
유럽 열강이 다투던 거대한
피자이기도 하다.

아프리카 대륙을 보며 묵상하는 감경철 회장

　동부 아프리카인들은 전통적으로 개인적인 삶보다는 공동체적인 삶의 의식과 구조들을 매우 중요하게 여겨왔다.

　"한 사람 속에 다른 사람이 있다"라는 속담이 이를 방증한다. 즉 공동체가 있기에 개인이 존재한다는 사고가 강하다. 그래서 부족의 힘을 강화하기 위해 많은 자녀를 낳으라고 장려해 왔다. 물론 지금은 의식의 변화로 예전과는 다르나 부족 어른들은 여전히 다산을 미덕으로 여긴다. 일부다처제를 유지하는 지역이 많다는 것도 같은 맥락이다.
　아프리카 신세대들의 교육 수준이 높아지고 스마트폰을 통해 세계와 접할 기회가 많아지면서 이러한 구습은 많이 사라졌다.

　아프리카인들은 매우 종교적이다. 부족마다, 개인마다 종교를 가지고 있다. 아프리카인에게 있어 종교는 곧 생활이다.

6년 전에 선교 여행 차 케냐에 간적이 있다. 주목적은 아프리카에 파송된 해외 선교사님들의 자녀들을 위한 학교. 병원. 복지시설을 두루 살펴보기 위해서였다. 선교사들에게 가장 중요한 관심사는 복음 전파이고 그 다음이 자녀교육이다.

게다가 대다수의 MK(Missonary Kid: 선교사 자녀)가 겪는 문화충격은 엄청나다. 이들은 한국 내에서 단일문화에 익숙해져 있다. 특히 제3세계의 경우 이들이 겪는 문화충격은 우리나라에 처음 왔던 서구 선교사들이 겪었던 것보다 훨씬 크다고 말한다. 일단 선교지에 도착하면 해결해야 할 수많은 선교활동 준비 작업으로 인해 자녀를 돌볼 틈이 없다.

르완다 김경수 선교사와 현지인들과 소통하는 모습

아프리카 선교의 아버지로 불리는 데이빗 리빙스턴도 자녀교육의 고충이 얼마나 컸는지 보고회 때마다 털어놓았다고 한다. 인도 선교사 윌리엄 케리도 마찬가지였다. 결국 이들은 자녀들을 본국에 남겨두기로 했다. 100년 전 미국 선교사들에게도 자녀교육 문제는 절박했다. 그래서 케냐에 학교를 설립했는데 바로 RVA(리프트 밸리 아카데미)라는 국제 기독교 대안학교이다.

우리가 무엇을 도울 수 있을지 알아보기 위해 RVA를 방문했다. 교사 중에 한국인 선교사님 부부가 있었다. 아이들에게 한국사를 가르치고 있었다. 전교생이 약 500여 명인데 그 가운데 한국 학생은 80여 명이었다.

그분들과 티타임을 가질 때 궁금한 점들을 물어보았다. 그런데 가슴 아픈 이야기를 듣게 되었다. 그 선교사님 아들이 중학교 2학년인데 체중이 27kg 밖에 안 된다는 것이다. 어릴 때부터 심장이 좋지 않다고 했다. 해외에서 더 이상 버틸 수가 없어 한국의 큰 병원에 진료를 받으러 갔다. 그런데 진료 날짜를 잡기까지는 한두 달을 기다려야 한다고 했다.

나는 즉시 삼성의료원의 주치의에게 전화했다. 마침 그분이 심장 전문의였다. 그래서 자초지종을 설명한 후 그 아이를 부탁했다. 일주일 후 진료를 받고 결과가 나왔다. 당장 수술하지 않으면 공부는 물론 더 이상 건강을 지킬 수 없다고 해서 수술을 했다.

선교사님 부부는 아들을 수술시킬 처지가 아니었다. 그런데 CTS에서 방송을 내보내고 모금을 하여 모든 것이 아름답게 마무리되었다.

이후, 건강하게 회복되어 고등학교를 졸업하고 미국 칼빈대를 장학생으로 졸업했으며, 선교사로 파송되었다.

탄자니아

• • •

탄자니아는 아프리카 동부에 있는 나라다. 탄자니아는 아랍어로 '평화의 땅'이라는 뜻이다. 탄자니아 하면 많은 사람이 세렝게티와 축구를 떠올릴 것이다. 축구를 어찌나 좋아하는지 팬데믹 속에서도 축구 리그를 강행할 정도이다.

수도 다르에스살람(Dar es Salaam)에서 인도양 해변을 따라 남쪽으로 가면 강이 나온다. 강을 건너면 너른 모랫길이 펼쳐진다. 탄자니아는 남한의 10배나 되는 넓은 땅을 가지고 있지만 황폐한 곳이 많다.

2014년 CTS 인터내셔널은 탄자니아에 지부를 설립한 바 있다. 그리고 지금까지 교육, 식수 지원, 교회 개척 등 다양한 사역을 펼쳐왔다. 특히 지역 주민을 대상으로 차량 정비와 농법 개량 등 기술 교육을 통해 실제적 지원을 이어왔다. 초등학교 교사 증축과 보수 등 탄자니아의 다음 세대를 위한 교육 환경 개선에도 힘써 왔다.

이제 CTS 인터내셔널이 탄자니아 국립보건소 개소를 위한 탄자니

2022년 6월 16일 탄자니아 국립보건소 설립 행사 장면

아 주 정부와의 협약식을 하고 본격적인 의료선교에 나섰다.

탄자니아는 정치적으로도 안정이 되고 관광자원도 풍부하다. 이미 국내 대기업과 코레일이 탄자니아에 진출했으며, 코레일에서 동아프리카 횡단철도 구축을 구상하고 있다. 그러나 조사 결과 아직은 기본적인 보건 인식과 의료 인프라가 매우 열악한 상태로 전체 의료기관의 단 20%만이 전기 수도 등의 기반 시설을 갖추고 있다. 그러다 보니 위생적인 생활환경과는 동떨어져 있다.

탄지니아의 의료시설 또한 매우 열악하다. 임산부나 아이들이 갑작스러운 위급사항에 처했을 때 즉각적인 대처가 힘든 마을이 부지기수이다. 이러한 상황에서 2022년 6월 CTS는 키카티티 국립보건소 개소를 위한 협약식을 하고 탄자니아 의료환경 개선에 나섰다. 고드윈 모렐 탄자니아 보건부 차관과 리차드 르왕고 군수 등 고위 정관계 인사가 이

탄자니아 국립보건소 건립을 위한 MOU 체결 장면

협약식에 참석했다.

향후 국립보건소 건축은 물론 현지 의료 종사자 양성 및 보건 서비스 관리 등 탄자니아 의료환경 기반 마련과 개선에 힘쓸 것이다. 협약식을 통해 나는 CTS는 탄자니아와 르완다 등 동아프리카 지역을 중심으로 IT 미디어 교육 인프라 구축을 이어가며 4차 산업 시대를 이끌어갈 아프리카 미래 인재 양성을 위한 교육 선교에도 앞장서겠다고 약속하면서 다음과 같은 말을 했다.

"CTS가 우리 민족에게 베푸신 하나님의 은혜를 받고 아프리카 전 내륙이 생명과 희망의 땅이 되도록 탄자니아에 왔습니다. 탄자니아가 사회 경제적으로 눈부신 발전을 이루기를 바랍니다. 오늘 키카티티 국립보건소 협약식이 그 시작이 되리라고 믿습니다."

이에 대해 탄자니아 주 정부는 이번 키카티티 국립보건소를 통한 지역 의료 시설 구축에 감사한 마음을 전했다. 아울러 한국 의료봉사단을 대상으로 한 우선적 비자 발급 등 각종 행정 지원을 약속했다.

탄자니아는 동아프리카 선교의 지리적 요충지다. 그래서 CTS는 이곳을 복음화의 거점으로 삼아 동아프리카 선교 베이스 구축을 확대하고 더욱 견고히 다질 것이다.

또한 CTS 인터내셔널 탄자니아 지부는 동아프리카 지역사회와 선교지의 자립을 위해 자동차 기술정비 학교 운영을 하고 있다. 이를 통해 사회봉사 활동을 하고 있다.

탄자니아는 외국인의 의료행위를 매우 금지하고 있음에도 불구하고 CTS 인터내셔널에 의료인 양성에 대한 도움을 요청했으며, 사미아 술루후 하산 탄자니아 대통령은 의료 환경 개선을 국책사업으로 추진하고 있다.

탄자니아 1만 킬로미터 프로젝트

미국 선교사들이 1만 킬로미터를 여행하며 의료 선교를 한 이야기는 한국 근대사에서 중요한 부분을 차지한다. 이러한 선교 활동은 주로 19세기 말부터 20세기 초에 걸쳐 이루어졌으며, 한국의 의료, 교육 및 사회적 발전에 큰 영향을 미쳤다. 선교사들은 한국에 병원, 학교, 교회를 설립하고, 현대 의학 지식과 기술을 전파하는 데 크게 기여했다. 이러한 선교 활동은 단순히 의료 서비스 제공을 넘어서, 한국 사회의 근대화와 발전에 중요한 역할을 했다. 병원과 학교 설립은 교육과 보건

분야의 발전을 촉진했으며, 이는 한국 사회 전반에 긍정적인 변화를 가져왔다. 이들 선교사들의 노력은 한국에 오래 지속되는 유산을 남겼다. 많은 병원과 학교들이 오늘날까지도 운영되고 있으며, 이들 기관은 한국 사회에서 중요한 역할을 계속하고 있다.

이제는 우리가 받은 은혜를 갚아야 할 때다. 한국에서 아프리카로 복음과 함께 지속 가능한 변화를 가져다 줄 목적으로 '탄자니아 1만 킬로미터' 프로젝트를 기획했다. 이 프로젝트는 단순히 물질적인 도움을 넘어서 교육과 의료를 통해 아프리카 지역 사회의 미래를 바꾸려는 목적을 가지고 있다. 이렇게 모인 기금을 통해 아프리카에 실질적인 도움을 제공하려 한다. 예를 들어, 1킬로미터당 월 1만 원을 기부하는 식으로 구성되어 있다.

• • •

탄자니아 문화는 '대화의 문화', '나무 밑의 문화'라고 한다. 일상에서 서로의 안부를 묻고 따뜻한 말을 건넨다. 마을 모임은 주로 큰 나무 그늘 밑에서 행해진다. 이 자리에서 당면한 문제의 해결책을 논하기도 한다. 이런 모습을 보면 예수님이 제자들을 모아놓고 하늘나라에 관해 이야기하는 모습이 절로 떠오른다.

다행히 탄자니아는 사회주의 국가지만, 종교의 자유가 있다. 중국을 황금어장으로 칭했던 때가 엊그제 같은데 현재의 황금어장은 동아프리카가 아닌가 생각한다. 하나님의 부르심에는 추호의 오차가 없음을 확인한다. 나는 다만 순종만 하면 된다. 길은 주님이 만드실 것이기 때문이다.

이곳 아이들이 안전한 건물 안에서 주린 배를 채우고, 공부하고, 찬양하고, 성경 공부를 하는 모습을 그릴 때마다, 또 직접 가서 볼 때마다 가슴이 벅차오른다. 춤추며 찬양하는 아이들의 모습은 또 어떠한가? 검은 피부색에 하얀 이를 한껏 드러내고 온몸을 흔들며 기쁘게 찬양한다. 저런 모습을 보고 어떻게 천국이 이들의 것이라고 말하지 않을 수 있겠는가.

다르에스살람을 제외한 일부 거점 도시들에는 무슬림들이 대다수이다. 선교사님들의 말에 의하면 무슬림도 기독교인들과 소통하며 가끔 교회 활동에도 참여한다고 한다.

식민지 시대에는 백인들이 자기네 통치를 수월하게 하려고 교육했다. 그러나 지금 CTS는 그들을 구원하기 위해, 다음 세대를 세우기 위해 교회와 학교를 세운다.

르완다 – 르완다의 유아교육

• • •

중국이 문을 닫으니 중국 교육 선교는 일단 막을 내리고 이번에는 아프리카로 옮겨갔다. 이제 아프리카는 인구도 많고, 여러 면에서 선교지의 다크호스로 부상하기 시작했다.

아프리카 선교사님(김경수)과 친분을 쌓아가면서, 차츰 내가 품고 있던 1만 1천의 비전과 신학교 설립 비전을 나누게 되었다. 선교사님께 이 비전과 관련된 일들을 아프리카에서 전담하시면서 나를 도와달라고 부탁했다. 이렇게 해서 선교사님과 아프리카 교육·문화 선교를 시작하게 되었다.

아내 박양희 권사

2014년 우리 가정에서 헌금하여 르완다에 선교 부지를 마련했다. 그리고 땅의 명의는 선교사님 이름으로 했다. 헌금을 했다고 하더라도 주인은 하나님이시고 나는 단지 청지기이기 때문이다.

이 부지 위에 신학대학(동아

르완다 신학교에서 축사하는 모습

프리카 성경대학:Bible College of East Africa)이 설립되었다. 교육대학과 미디어 영상학부를 개설했다. 그리고 장학생으로 선발된 학생들은 한국에 와서 콘텐츠 제작 등 인턴 과정을 밟게 할 예정이다. 감사하게도 2년제 였던 이 학교는 이번에 종합대학으로 승격되었다. 2019년, 르완다가 아프리카 국가 가운데 처음으로 스마트폰을 제조하게 된 사실로 미루어 보아 미디어 콘텐츠에 관한 관심도 매우 높으리라 짐작된다.

2023년 5월 아프리카 복음화를 위한 선교전략을 구상하기 위해 탄자니아와 르완다를 방문했다. 이때 르완다 정부의 초청을 받아 미래 비전을 함께 나누기도 했다. 현지 정부와 기관들은 우리 CTS의 교육 선교에 매우 호의적이었다. 그쪽에서 추구하는 것과 CTS의 비전 사이에 공통분모가 존재한다.

지금 르완다는 이전의 증오와 복수심은 뒤로 하고 오직 용서와 화합, 경제 살리기, 부정부패 척결에 힘을 쏟고 있기 때문이다.

현재 르완다의 전체 유아 가운데 단 25%만이 정규 교육의 혜택을 누리고 있다. 그래서 르완다 정부는 미디어교육과 유아교육을 주목하고 있다. 르완다 국립아동발달원은 르완다 현지의 교육 현황을 공유하면서 한국 교회와 CTS의 협력을 요청했다. 특히, 영유아의 보육을 위해 보육 환경 개선에 힘을 써 달라고 당부했다.

이로 인해 현지 정부는 르완다 영유아 보육 기반 마련을 위한 유아교육학과 신설을 동아프리카성경대학에 제안했다. 교육선교의 비전을 품은 CTS와 함께 학과 신설과 교사증축 등을 진행하고 있다.

동아프리카 성경대학은 매년 우수한 사역자들을 배출하고 있다. CTS는 동아프리카 성경학교의 신학생들이 학교의 전반적인 운영을 지원하고 학교를 졸업한 사역자들이 자립할 수 있는 기반을 마련해주고 있다. 또한 교육관과 영상미디어센터 등을 준공하고 방송을 통해서 교육함으로써 르완다 국민에게 도움을 주고, 르완다의 발전과 경제적 부흥을 이루리라 확신한다.

무엇보다 다음 세대를 세우는 교육선교의 사명으로 CTS·동아프리카성경대학과 함께 미디어학과와 유아교육학과 신설을 이뤄 아프리카를 깨우는 귀한 도구가 되기를 기대한다.

르완다 찬구구는 르완다 국경이 가까운 지역으로, 부룬디 및 콩고의 신학생들이 와서 공부하고 있다. 이곳에는 난민 돕기를 위해 설립된 선교센터가 있으며, 현재는 어린이 교육과 신학교 사역에 집중하고 있다.

르완다의 수도 키갈리에서 이곳 선교센터까지는 융괘 국립공원지역의 산길을 넘고 흙먼지 길을 일곱 시간 정도 달려야 했으나, 르완다 정부에서는 키갈리에서 키부예를 거쳐 찬구구에 이르는 국도를 아스팔트 공사를 하여 이제는 자동차로 4시간이면 도착할 수 있다고 한다.

CTS에서 근무하던 박숙경 선교사는 르완다에서 가장 열악한 찬구구 야마세케 지역에서 어린이 사역을 하고 있다. 인구 밀도가 높고 농업이 발달되어 있으며, 주로 옥수수, 콩, 바나나 등이 재배된다. 또한, 이 지역은 커피 생산으로도 유명하며, 고품질의 아라비카 커피가 생산된다.

르완다 내전 당시에는 많은 인명 피해가 발생하기도 했지만, 이후로는 평화와 안정을 되찾았다. 현재는 관광객들에게 인기 있는 여행지 중

르완다 가정을 방문한 모습

하나로, 자연 경관과 함께 역사 유적지를 감상할 수 있다.

박 선교사는 '조이플초등학교'에서 아이들을 먹이고 가르쳐 왔다. 조이플초등학교는 글로벌에듀에서 진행하는 아프리카 교육선교 프로젝트의 일환으로 건립된 학교이다. 2023년 10월 기준으로 350여 명의 학생들이 재학 중이다. 이 학교는 코로나19 때에도 수업을 진행했다고 한다. 그 이유는 하루 한 끼도 먹지 못하는 아이들이 학교에 오면 한 끼라도 먹일 수 있기 때문이라고 한다. 아이들이 눈을 감고 기도하는 모습을 보고 마음이 뜨거워지지 않는 사람들이 과연 있을까?

얼마 전 박 선교사의 사역 현장이 방송에 소개된 적이 있다. 신년 선물을 가져다주기 위해 박 선교사가 아이들 집을 방문한다. 그 가운데 조이라는 이름의 아이가 있다. 그런데 아이의 얼굴이 정상이 아니다. 형체를 알아볼 수 없을 정도로 부어 있다. 특히 눈 부위가 심하게 부어 있다. 시력을 잃을지도 모른다고 한다.

박 선교사가 눈물을 흘리며 아이를 위해 기도하는 모습의 영상을 본 시청자들 역시 안타까움으로 눈물을 흘리며 기도했을 것이다.

다음 세대는 누구인가?

다음 세대를 세우라

• • •

2000년 나를 CTS로 부르신 하나님은 CTS를 통해 해결해야 할 문제들을 보여주셨다. 그 가운데 하나가 다음 세대 세우기다.

그렇다면 '다음 세대'는 누구인가? 다음 세대란 일반적으로 현재 세대 이후의 미래 세대를 말한다. 즉 부모 세대 또는 조부모 세대 이후의 자식이나 손자 세대를 지칭한다.

시대나 상황에 따라 다음 세대의 범위가 달라질 수도 있다. 예를 들어, 특정 국가나 지역에서는 다음 세대를 단순히 자식 세대나 손자 세대가 아니라 그 이후의 세대도 포함시킨다. 또한, 산업계에서는 다음 세대를 기존 제품이나 기술을 대체할 새로운 제품이나 기술을 가리키는 용어로도 사용한다.

나는 왜 다음 세대에 그처럼 큰 관심을 갖게 되었을까? 왜 CTS가
'한 교회 한 학교 세우기' 운동을 적극적으로 추진했을까?

그것은 한 마디로 부르심에 순종했기 때문이다. 대안학교에 대한
비전을 품게 된 계기가 있다. 로렌 커닝햄 목사님(YWAM 설립)이 설립한
하와이 코나 열방대학을 방문한 적이 있다. 로렌 커닝햄 목사님과는 평
소 친분이 있던터라 그곳에서 좀 쉬다가 오기로 했다. 그런데 마침 그
무렵 40여 명의 한국 목사님들이 부부 동반으로 와 있었다. 그분들은
이런저런 주제를 놓고 열띤 토론을 벌이고 계셨다. 그 가운데 관심을
끌었던 것이 대안학교에 관한 것이었다.

하와이 코나 열방대학에서 로렌 커닝햄 목사와 함께

그 당시만 해도 대안학교에 대한 이해와 인식이 지금만큼 성숙한 상태가 아니었다. 그러나 그분들에게 있어 난제로 남아있는 부분들을 비즈니스의 관점에서 추진한다면 생각보다 훨씬 빨리 현실화할 수 있다는 생각이 들었다.

그리고 귀국 후 즉시 실행에 옮겼다. 대안학교 모판이 덜 준비된 상태에서 대안학교 관련 프로그램을 진행했다. 그리고 전국의 대안학교 투어를 시작했다. 그런데 여전히 아쉬운 것은 대안학교 개교에 관한 구체적인 정보, 매뉴얼, 사례 등이 미흡했다. 그래서 CTS에서 추진하기로 했다. 한 예로 CTS는 2008년 10월 24일 '제1회 CTS 기독교 대안학교 세미나'를 열었다. 세미나를 통해 국제학교 및 기독교 대안학교 설립에 필요한 정보를 공유했다.

그러다보니 할 일이 한두 가지가 아니었다. 필요한 재정도 만만치 않았을 뿐더러 힘이 많이 들었다.

이 일을 그 당시 경영전략본부에서 이 일을 함께 추진했다. 그 과정에서 국내외 홈스쿨링 상황, 미국의 홈스쿨링 교재 등에 대해 알아보게 했다.

그 결과 국외에 거주하는 한국 선교사님들이 홈스쿨링을 많이 하고 있음을 알게 되었다. 유치원 때부터 예체능, 한국어, 한국사 등을 가르친다. 나중에 어차피 검정고시를 치러야하므로 이 모든 과목이 토대가 된다. 어릴 때부터 영어를 해서 그런지 모두 영어를 곧잘 했다. 교사 한 사람이 한 반을 맡는다. 그런데 한 반에 초등학생부터 고등학생까지 다 들어가 있다. 우리나라에서는 대체로 한 학급에 담임교사 한 분이 있는 우리나라 학교에 익숙한 나로서는 이 점을 이해하기 힘들었다. 나중에 들어보니 제일 큰 이유가 경비라고 했다. 교사의 수가 늘어날수록 지출 경비도 늘어나기 때문이다.

그런데 직접 학습 현장을 보니 납득이 갔다. 자기주도 학습이 주를 이루고, 아이들 스스로 공부하는 틀이 형성되다 보니, 서로 모르는 것을 가르쳐 주기도 하면서 조화를 이루고 있었다. 아마도 이것이 가능한 이유는 아이들이 경쟁에서 자유로운 가운데 공부하기 때문이 아닌가 생각했다. 이러한 형태의 교육을 국내에 들여오고 싶기는 한데, 그 당시만 해도 대안학교에 대한 인식이 충분치 않았다. '대안'이라는 단어에 대한 편중된 정치적 해석으로 반기지 않는 사람들도 있었다. 일부 진보 진영에서는 대안교육을 민주교육과 동일시했기 때문이다.

대안학교는 정규 공교육 제도의 문제점을 극복하기 위해 별도의 프로그램을 마련하여 새롭게 고안한 학교이다. 대안학교의 저변에는 각 학교의 설립취지에 부합하는 교육이념이 있다. 그러나 모든 대안학교의 공통점은 일률적인 교육 매뉴얼을 따르지 않고, 자체적인 철학과 교육 방법에 따라 운영된다는 것이다. 그리고 주입식 교육보다는 아이들의 자율성과 창의성을 중시하는 교육 방식을 채택한다. 또 아이들이 과도한 입시 스트레스에서 해방되어 보다 자유로운 경험과 공부를 할 수 있도록 돕는다. 이를 통해 아이들은 자신의 개성을 발견하고, 잠재력을 발휘할 수 있기 때문이다.

그렇다면 기독교 대안학교는 일반 대안학교와 어떠한 차이점이 있을까? 기독교 대안학교는 기독교적 세계관을 바탕으로 아이들을 교육한다. 아이들의 인성 발달을 중요시하며 이를 위해 다양한 체험학습과 봉사활동을 제공한다. 또한 아이들이 타인과 소통하고 협력하는 능력을 키울 수 있도록 지도한다. 아이들의 행복을 우선시하며 각자의 요구와 관심사를 고려한 맞춤형 교육을 제공한다. 그래야 아이들이 자신의 꿈과 목표를 찾을 수 있기 때문이다. 더 나아가 글로벌 시대에 부응하는 세계를 무대로 활동하는 인재로 성장할 수 있도록 교육한다.

• • •

일반적으로 다음 세대는 현세대와는 다른 특성을 가지고 있다. 예를 들어, 다음 세대는 디지털 기술에 대한 이해도가 높고, 자유로운 사고와 창의력을 중시한다. 따라서 다음 세대를 위한 교육이나 문화예술 프로그램은 이러한 특성을 반영해야 한다.

그뿐 아니라 다음 세대는 현세대보다 더 많은 도전과 과제를 직면할 가능성이 높다. 예를 들어, 기후 변화, 인구 증가, 자원 고갈 등의 문제는 다음 세대에게 큰 영향을 미칠 수 있다. 따라서 미래 상황을 대비한 유연한 교육이 필요하다.

이러한 상황을 염두에 두고 설립한 학교가 CGS(Christian Global School:크리스천글로벌스쿨)이다. 기독교적 가치관을 바탕으로 성경적 학교 교육 개혁에 헌신하기 위한 모델학교이다. CTS 멀티미디어센터 3층에 있는 도시형 대안학교이다.

CGS에 대해 간략히 설명한다. CGS 엠블럼은 성경 안에 십자가와 햇불을 담은 타원형 로고로 원형을 중심으로 3장의 성경은 하나님 말씀 위에 세워지는 영성, 인성, 지성을 상징하며, 중앙의 십자가는 확고한 믿음을 나타내고 햇불과 펜촉은 학업에 대한 강한 의지를 담아내고 있다.

CGS는 자기주도적 완전 학습을 추구한다. 자기주도적으로 개별 학습을 하기 때문에 아이는 과목별로 스스로 해야 할 목표를 세우고, 그것을 달성해 나가도록 한다. 교사는 그 목표를 달성할 수 있도록 동기를 부여하고, 사이사이 학습이 잘 이뤄지고 있는지 점검한다. 또한 완전 학습이 이루어질 수 있도록 한 권 학습이 마무리가 될 때, 자가진단 평가와 실제 PACE TEST를 실시한다. 이때 일정 점수(80점 이상)를 획득했을 경우에만 다음 진도를 계속해 나갈 수 있다.

모든 학사 일정과 학업관리는 미국 ACE 본부의 학사시스템에 따라 엄격한 관리 감독 하에 이루어진다. 아이의 학년을 연령이 아닌 학습레벨에 따라 결정한다. 학년은 아이의 진단 평가 결과와 학부모 상담을 통해 최종 결정된다.

CGS는 미국 교육청에 인가받은 SOT 학교로 미국 학력이 인정된다. (참고로 SOT는 'SCHOOL OF TOMORROW'의 약자로 1960년 초 미국의 유명 교육학자인 도널드 하워드 박사팀이 만든 것이다) 단 12학년까지 교과를 모두 마친 경우에 해당된다. CGS는 비인가 학교이기 때문에 국내에서 학력 인증을 받기 원하시면 검정고시를 통해 학력을 취득해야 한다.

지속적인 학습을 통해 요구하는 과목을 충실히 이수하면 미국에서 발급하는 졸업장을 받을 수 있다. 이 졸업장은 미국에서 학력이 인정된다. 따라서 SAT를 치른 후 어느 학교나 지원할 수 있다.

PACE라는 커리큘럼의 미국 교재를 이용하여 영어, 수학, 과학, 사회, 어휘, 작문 및 문학 그리고 기타 선택과 등을 배운다. 모든 과목은 기독교적 세계관을 기반으로 구성되어 있고, 영어로 자기주도학습을 한다. 한국어 교과로는 국어, 국사, 음악, 체육, 난타, 하부르타 등 자기 계발 프로젝트가 다양하다.

CGS의 기본교육 방향은 하나님의 말씀인 성경을 토대로 기독교적인 세계관과 가치관을 심고, 이를 통해 한 사람의 인격이 전인적으로 변화되어 세상을 이끄는 역동적인 글로벌 리더를 양육하는 것이다. 즉 신앙과 학업의 통합을 꾀한다.

CGS의 교육적 핵심 가치는 성경적 가치관 교육, 인성교육, 개별화교육, 자기주도학습, 부모님 존경 의식 교육으로 세상에서 영향력을 발휘할 수 있는 기독교 인재를 길러내는 것이다. CGS는 특정 교회나 교단에서 독자적으로 설립, 운영하는 학교가 아니다. 지역 교회와 함께 다음 세대를 키우고 한국 교회와 가정을 든든히 세우는 일에 기여하기 위해 세워진 학교이다. 주목할 것은 CGS는 "Changing the world, One child at a time!"이라는 구호와 더불어 무엇보다 한 아이를 자세히 본다는 사실이다.

2017년 2월 28일, 제1회 졸업생을 배출한 이후 2023년 CGS는 유치원 과정 6명, 초등 과정 3명, 중등 과정 3명 총 12명의 졸업생을 배출했다. 그리고 올해는 유치원부터 초·중·고 15명의 학생이 졸업했다. 그리고 첫 대학 진학생이 탄생했다. CTS 직원의 자녀로 CGS 초등학교에 입학했던 아이가 어느새 고3이 된 것이다. 현재 재학생 수는 약 70여 명이다. CGS는 앞으로도 변함없는 관심과 사랑을 필요로 한다.

CGS 제8회 졸업식

미국 대학교에 진학한 첫 졸업생과 함께

한국 교회 선교 130여 년 역사를 통해 놀라운 부흥을 이룬 주요 원인을 찾자면, 교육선교이다. 선교사님들이 가는 곳마다 학교를 세우거나 교회 내에서 교육을 전개함으로써 한국의 현대사를 이끌어가는 인재가 양성되었다. 그들을 통해 교회 부흥뿐 아니라 놀라운 국가발전을 이룩했다.

그러나 오늘날 저출산 위기와 청년들의 교회이탈 현상으로 인해 한국 교회는 심각한 저성장의 늪에 빠져있다. 한국 교회의 50-60% 정도의 교회에 이미 어린이 교회학교가 사라져 가고 있고, 이런 현상은 더욱 가속화될 것이다. 이에 다음 세대 복음화와 부흥을 위해서 교육선교는 바로 지금 우리가 감당해야 할 사명이라 믿는다. 그래서 이러한 때에 CGS를 설립하게 하신 하나님께 다시 한번 감사드린다. 지금도 많은 이가 큰 기대감을 갖고 함께 기도하고 있다.

한 교회 한 학교 세우기 운동

• • •

1교회 1학교를 외치며 기독교 대안학교 세우기 캠페인을 하면서 이 운동을 10년 전부터 했더라면 하는 아쉬움이 컸다. 그러나 10년 전부터 했더라면 귀 기울이는 사람도 별로 없었을 것이라는 생각도 든다.

우리 그리스도인은 나이가 들수록 생에 집착하기보다 다음 세대에 자리를 내주어야 한다. 단지 옆으로 조용히 비켜설 뿐 아니라 인생 최고의 유산을 물려줘야 한다. 그리고 그 유산은 바로 신앙과 교육이다.

다음 세대에게 하나님의 말씀을 들려주고 가르치는 것은 모든 그리스도인에게 부여된 성경적 의무이다. 하나님은 앞 세대가 다가올 세대에게 성경적 진리를 전달하기를 원하신다. 이 땅에 선교사들이 발을 내디딘지 어느덧 130여 년이 되었다. 복음과 함께 우리 민족들이 깨어나기 시작했다. 영적으로는 말씀을 통해, 지적으로는 학교를 통해.

그 당시 우리나라에는 오늘날의 초등학교와 같은 서향과 중학교에 해당하는 향교가 있었다. 모두 유교 교육이 중심이었다. 유교의 특성상 일반 서민을 위한 교육이 아니었고, 과학과 의학과 같은 기술교육을 천시했다.

개항 이후 유학 중심의 교육에서 벗어난 근대교육이 시작되었다. 근대 교육제도의 특징은 남녀노소, 빈부귀천, 신분고하를 가리지 않는다는 것이다. 그 당시로는 혁명적인 교육방식이다.

우리나라 최초의 근대 학교는 함경남도 원산에 세워진 '원산학사 (1883)'이다. 민간인들의 자발적인 모금으로 세워진 학교이다. 원산학사 가 설립된 지 2년 후부터 언더우드, 아펜젤러와 스크랜턴 등 미국 개신 교 선교사들이 학교를 설립했다. 배재학당, 이화학당, 평양숭실학당과 같은 기독교 학교를 설립했다.

그리고 복음의 열매로 도산 안창호, 남강 이승훈과 같은 민족지도 자들과 인재가 배출되었다. 이들은 사회 곳곳에서 나라와 민족을 위해 힘썼다. 특히 일제 강점기 때에는 국내외에서 끊임없이 독립운동을 이 어갔다. 이어 한국전쟁 후 폐허가 된 이 땅을 다시 일구는 데 앞장섰다. 이렇듯 복음의 불모지에 씨를 뿌리고 신앙의 다음 세대를 키워냈던 그 정신이 언제부터인가 퇴색되기 시작했다.

이제 한국 교회가 교육선교를 위한 결단을 해야 할 때다. 다시금 신 앙의 다음 세대를 위해 씨를 뿌릴 때다. 다음 세대가 하나님의 말씀을 마음에 새길 수 있도록 부지런히 가르쳐야 할 때다. 지금이야말로 한 세대를 준비하며 밀알을 심어야 한다. 이를 위해 목회와 교육선교의 패 러다임이 바뀌어야 한다. 다음 세대는 4차 산업시대로 이 나라를 이끌 어 갈 세대이기 때문이다.

이 일을 위해 우리가 해보지 않은 일들을 그림을 그려가면서 함께 기획하고 구도를 잡아가고 있다. 잘못된 것이 있으면 수정해 나가면서 계속 나아갈 것이다. 이렇게 다년간 애를 쓰다 보니 지금은 교회든 연합기관이든 '다음 세대'에 관심을 갖고 주목한다.

다음 세대, 보육, 저출생이 큰 이슈가 된 것이다. 그동안의 노력이 헛되지 않았구나 생각하니 이러한 변화에 감사한 마음이 든다. 그리고 작은 무리로 달려오느라 외로울 때도 있었는데 이제는 다수가 함께 가니 든든하다.

그리고 이 일을 하고 싶지만 돈이 없어서 못한다는 말을 듣는다. 그때마다 필요한 돈은 하나님이 사람을 통해, 또 기업, 기관을 통해 조달해 주실 것이라고 말한다. 기업체와의 관계를 맺고 맞춤형 대안학교를 만드는 것도 생각해볼 만하다. 학생들도 졸업 후 해당 기업에 취업할 수 있다.

지난 코로나 시즌 한국 교회는 많이 위축되었고 재정도 줄었다. 그러나 코로나는 참 신자를 가려내는 시금석 역할을 하기도 했다. 코로나 이전이나 이후나 한국 교회가 보육과 교육을 나 몰라라 한다면 제 2의 부흥을 기대할 수 없다. 이러한 사실을 대다수가 인정하고 있지만 행동과는 여전히 거리가 있다. 한국 교회 제2의 부흥은 곧 유럽과 아메리카 대륙에서 극동으로, 극동에서 서남아시아와 아프리카로, 그리고 다시 예루살렘으로의 복음전파이고, 교육 선교이다.

이를 위해 '한 교회 한 학교 세우기 운동'을 시작했다. 다음 세대의 교육은 교회가 품어야 한다는 취지에서다. 그리고 그 과정에서 150여 년 전 시작된 덴마크의 자유학교를 벤치마킹했다. 덴마크 대안학교는 '특별한 아이들'이 다니는 학교가 아니라 창의적이고, 실험정신이 강한 아이들을 키워내는 학교이기 때문이다. 암기 위주, 지식 위주의 교육을 비판하고 대신 실제 생활에 필요한 지식과 신앙교육을 중시했던 그룬트비 목사님의 교육철학을 참조했다.

구체적인 실천 방안의 하나로 팀을 꾸려 전국 대안학교를 탐방했다. 전국의 대안학교를 탐방하면서 많은 선생님과 학생들을 만났다. 그리고 그 결과물로 『숲을 꿈꾸며 밀알을 심다 1』(2020)을 출간했다. 탐방은 코로나 19시대에도 계속되었고 이어 『숲을 꿈꾸며 밀알을 심다 2』(2022)도 출간했다.

그때 내가 자주 했던 말이 있다. 소위 스카이 대학이니 아이비리그 출신이니 하면서 자랑하던 시대가 지나가고 있다. 유학을 가더라도 선진국만 선호할 것이 아니다. 소위 저개발 국가라고 하더라도 그 나라의 간판격인 국립대학이 있다. 이곳에 가서 현지 학생들과 함께 공부하고 뛰놀면서 우정을 쌓는 것도 귀한 자산이 될 것이다. 왜냐하면 그들이 졸업한 후 사회에 진출하면 유능한 인재가 될 것이고, 그 나라의 정치·경제 각 분야의 리더가 될 것이기 때문이다. 우리나라 학생들 역시 향후 그 나라에 가서 공장을 짓고 사업을 할 때 사업을 하고, 교육 선교를 할 때 그들의 도움을 받을 수 있을 것이다.

뿐만 아니라 영어를 포함하여 최소한 2-3개 국어를 구사하면서 글로벌 영향력을 발휘할 수 있다. 이제 지구촌을 향해 눈을 돌려야한다. 지금은 온라인으로 세계 유수대학의 강의를 들을 수 있다. 유튜브에도 명강의가 넘쳐난다. 반대로 우리가 커리큘럼과 교재를 잘 만들면 세계 어느 곳에서도 국내에서와 같은 수준의 강의를 듣고 수료증도 받을 수 있다.

20여 년이 지난 지금 기독교 대안학교 운동에 대한 인식도 개선되고 다양한 교육의 기회를 제공하는 미래교육으로서 인정받고 있다. 그런데 이러한 교육을 받을 아이들이 사라지고 있다. 그리고 다음 행보를 돌봄운동으로 이어가고 있다.

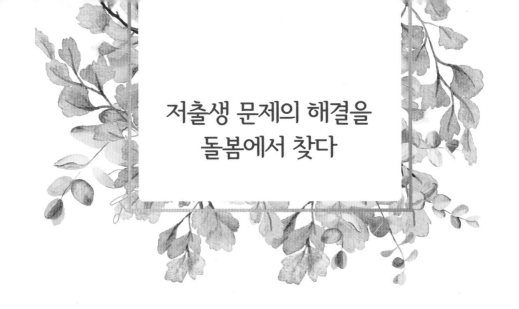

저출생 문제의 해결을 돌봄에서 찾다

다시금 위기에 직면하여

• • •

대한민국의 합계출산율은 2023년 기준으로 0.7명으로 역대 최저치를 기록하고 있다. OECD 회원국 중 합계 출산율이 1미만인 유일한 나라가 되었다. 그런데 합계출산율이 2.1명은 되어야 현재 인구를 유지할 수 있다.

저출생의 원인은 복합적이다. 그 가운데 몇 가지를 추려보자면 높은 미혼율, 치열한 경쟁, 돌봄과 양육문제 미비, 경제적 문제, 가치관의 변화, 성차별적 구조와 여성 경력단절 등이다.

아동 돌봄은 더 이상 여성만의 몫이 아니다. 이미 많은 여성들이 맞벌이 부부로서 경제활동에 참여하고 있기 때문이다. 반대로 남성의 돌봄 기피는 더 이상 당연지사가 아니다.

이미 오래전부터 저출산 경고의 목소리가 있었다. 나 역시 20여 년 전인 2012년부터 출산장려운동을 펼쳤다. CTS는 '생명과 희망의 네트워크'(2006), '출산장려국민운동본부'(2010), 'CTS다음세대운동본부'(2021)를 통해 저출생 극복을 위해 노력해 왔다.

열심히 뛰었지만 이렇다 할 실효를 거두지 못했고 이어지지 못했다. 공감하는 이가 적었고, 무엇보다 선교방송 CTS와 출산 장려운동이 무슨 관계가 있느냐고 묻는 사람들은 많았다. 내가 좀 더 목소리를 냈었더라면 하는 아쉬움이 크다.

일상에 지치고 먹고살기에 바쁜 사람들은 발등에 불이 떨어져서야 "아차!" 한다. 출산율이 낮아지고 인구가 감소하고 다음 세대가 줄어들면 CTS 역시 직격탄을 맞는다는 것을 실감하기 힘들었기 때문이다. 또한 CTS의 문제는 곧 한국 교회의 문제와도 일치한다.

안타깝지만 20여 년이 지난 후에야 교계·학계·정계 등이 저출생 문제를 국가적 위기로 받아들이게 되었다. 따라서 출산장려운동은 구국운동에 맞먹는다고 할 수 있다. 구국운동은 국가의 독립과 자유를 지키기 위해 국민이 자발적으로 참여하는 운동이다. 이 운동은 역사적으로 다양한 형태로 행해졌다. 또 그 과정에서 많은 사람의 헌신과 희생이 따랐다.

하나님을 잃으면 모든 것을 잃는다. 또한 나라를 잃으면 모든 것을 잃는다. 나라를 구하기 위한 독립운동은 종교를 초월한다. 종교적 신념을 가진 사람들이 종교적 가치와 원칙을 지키면서도 나라의 위기를 위해 힘을 뭉쳤다. 그리고 그 열매를 우리는 지금도 누리고 있다. 물론 지금은 일제강점기가 아니다. 대한민국은 어엿한 독립 국가이며 OECD 국가다.

왜냐하면 구국운동은 국가의 위기 상황에서 국민이 힘을 모아 국가를 구하는 운동을 의미한다. 지난 역사를 돌아볼 때 나라를 빼앗기거나 전쟁, 질병, 경제적 위기 등을 국가적 위기로 보았다. 이러한 상황에 놓이면 모든 국민이 자신의 생명과 재산을 희생하면서도 국가를 구하기 위해 노력했다. 그 대표적인 예가 임진왜란 때의 의병운동, 일제강점기 때의 독립운동이다. 따라서 저출생으로 인한 인구절벽이 국가적 위기라면 지금이야말로 모든 국민이 힘을 모아 이 문제를 해결해야 하지 않겠는가?

그런데 우리나라가 다시금 위기에 직면해 있다. 저출생으로 인한 인구소멸 위기다. 사실 하나님은 이미 오래 전부터 내게 이 시대를 위한 소명을 주셨다. 그런데 끝까지 밀어 붙이지 못하고 지금 다시 일어선다. 이전과는 달리 동행하는 사람들이 늘었다. 그만큼 문제가 심각해졌다는 뜻이기도 하다.

매년 1,900곳의 어린이집이 문을 닫고 있다. 어린이집이 계속 사라지는 이유 역시 복합적이다. 초저출산의 여파로 인해 영유아가 줄어 운영상 어려움을 겪는 것이 가장 큰 원인으로 꼽히고 있다. 특히 재산 규모나 정부 지원이 적은 사회복지법인 어린이집의 경우 경영난으로 문을 닫으려 해도 폐업 시 재산이 모두 국고로 귀속되는 불합리함이 있다. 또한 저출생으로 인해 아이들이 줄어들고 고령화가 진행되면서 노인 인구의 비율이 높아지다 보니 노인시설에 대한 수요가 증가하고 있기 때문이다.

어린이가 없는데 어린이집이 무슨 필요가 있겠는가. 이러한 현상이 단지 어린이집으로만 그치겠는가? 초·중·고·대학교, 군대, 교회로 이어지면서 국가 존립과 국력까지 위협하지 않겠는가?

지금은 한국의 낮은 출산율을 전 세계의 학자들이 우려할 정도이다. 20세기 말까지만 해도 많은 나라들이 산아제한 정책을 시행했다. 사람 수가 줄면 경쟁도 덜 심해질 것이고, 그렇게 되면 살기 좋은 세상이 될 것이라고 주장하는 사람도 있었다. 그러나 이러한 주장은 성경과 배치될 뿐 아니라 경제 원리에서도 벗어난 것이다. 국내외 저명 경제학자들은 한국이 인구문제를 해결하지 않으면 경제발전이 힘들 것이라고 한결같이 말한다.

생활·결혼문화의 변화는 인구문제와 직결되어 있다. 지금 저출생과 급격한 인구감소는 우리 발등에 떨어진 불이 되었다. 사실 이것은 20여 년 전부터 예견된 문제다.

그래서 20여 년 전부터 출산 문제, 보육 문제에 관해 이야기해왔다.

90년대 중반부터 출산·보육·교육 문제에 관심을 기울여 사재를 출연하여 화곡유아연구소를 설립하기도 했다. 그리고 그 당시 최초로 기독교 유아 교육 교재를 출간했다. 이어 국·내외 장학 사업을 펼쳐왔다. 이러한 와중에 대한민국의 가장 큰 위기인 출산, 보육, 교육의 문제를 한국 교회가 앞장서 해결해야 한다는 비전을 품게 되었다.

그리고 CTS에서는 2010년 출산장려운동을 전개했다. 그러나 별 호응을 얻지 못했다. 20여 년이 지나 인구절벽시대에 이르고 나서야 어디를 가든 '저출산'이니 '인구감소'니 '고령화 사회'니 하는 말이 들려온다. 다시금 위기감에 빠진 나는 더 이상 가만히 있으면 안 되겠다는 생각으로 '출산장려국민운동본부'를 2022년에 '저출생대책국민운동본부'로 재발족했다.

• • •

그리고 지금 CTS는 저출생 위기 극복의 해결책을 '돌봄'에서 찾고 있다. 저출생 대책과 돌봄운동은 서로 밀접하게 연관되어 있으며, 함께 추진되어야 효과적이다.

특히 0-3세 영유아 돌봄에 주목하고 있다. 이어지는 어린이집 폐원으로 돌봄 공백이 심화되고 있기 때문이다. 물론 국공립 어린이집이 확충되고 있으나 민간·가정 어린이집 공백 대응에는 역부족이다.

저출생의 가장 큰 이유 중의 하나가 바로 돌봄 서비스의 미비다. 따라서 아동돌봄정책 입법이 절실하다. 두드리면 열릴 것이라고 말씀하

주안장로교회 주승중 목사에게
"종교시설 내 아동 돌봄" 입법 개정 서명운동을 소개하는 모습

대구반야월교회에서 "종교시설 내 아동 돌봄" 입법 개정 서명운동을 소개하는 모습

시지 않았던가. 인구소멸이라는 어두운 전망을 이야기 할 때 우리 믿는 사람들은 돌봄을 통해 빛을 비추어야 하지 않을까?

과연 돌봄으로 어떻게 저출생 위기를 극복할 수 있을까? 나는 있다

안디옥교회 김장환목사(극동방송 이사장)에게
"종교시설 내 아동 돌봄" 입법 개정을 소개하는 모습

고 확신한다. 그래서 아동돌봄정책 입법을 위한 서명운동에 매진하고 있다. 그 정도로 아동돌봄정책 입법은 매우 시급하다. 그리고 교회가 이 일에 동참하기를 원하나 장애물이 한 둘이 아니다. 특히 돌봄 사각지대를 극복하려면 교회를 포함한 종교단체의 역할이 매우 중요하다.

맞벌이 가정이 늘어나면서 어린 자녀를 둔 부모들이 일과 가정생활을 병행하는 데 어려움을 겪고 있다. 초등학교 입학 전 아동들은 정규 교육과정을 받지 않기 때문에 돌봄 공백이 발생할 수 있다. 이 시기의 아동들은 안전하게 보호받고 적절한 교육을 받을 수 있어야 한다. 아동의 건강과 정서적 안정을 위해서도 아동돌봄정책이 필요하다. 보육·양육의 부담이 부모에게만 지어진다면 누가 마음 놓고 아이를 낳을 수 있겠는가?

교회는 지역사회의 일원으로서 아동돌봄에 기여할 수 있다. 구체적인 방법을 들자면 다음과 같다.

우선 교회 내 유휴공간을 아동돌봄 시설로 활용할 수 있다. 교회 내 자원봉사자들이 교사로 활동하여 아동들에게 교육과 놀이 프로그램을 제공할 수 있다. 이를 통해 아동들의 창의성과 인성 발달에 도움을 줄 수 있다. 그러나 이러한 인적 자원 활용에는 그에 적합한 보수가 필요하다. 이것을 국가가 제공해야 한다.

교회가 실질적인 도움을 주고자 하여도 관련 법령. 시행령에 막혀 두 손이 묶여 있었다. 이를테면 교회 건물을 아기돌봄 센터나 영유아 센터, 대안학교로 사용하려면 용도변경을 해야 하는데, 이것이 법으로 막혀 있다. 현재 전국 기준 돌봄 서비스로 활용 가능한 종교유휴시설이 10만 여개다. 따라서 교회는 단기간 내 돌봄 공백을 보완할 수 있는 최적의 대안이 아닐 수 없다.

교회와 같은 공공건물을 리모델링하여 공공 공간으로 활용하면 많은 예산을 들이지 않고도 해결할 수 있다고 누누이 설명했다. 대안학교의 필요성을 외칠 때 영유아 돌봄의 필요성도 함께 강조해 왔다.

교회내 돌봄 서비스를 확대하는 데 있어서 걸림돌은 무엇일까? 교회를 보육시설로 활용하게 되면 별도의 법인을 세워야 한다. 그러나 법인을 세우려면 목돈이 있어야 하므로 부담이 크다. 또한 법인을 세워 돌봄 서비스를 제공하면 종교시설로는 사용할 수 없다. 전용공간을 요구하기 때문이다. 대형교회라면 문제가 없겠지만 작은 교회는 주일학교가 사용할 공간이 없어지게 된다.

또 다른 걸림돌로는 종교편향이라는 비난이다. 이 문제는 '교회시설'이 아니라 '종교시설'로 일반화하면 된다. 그리고 종교에 관계없이 저출생 문제와 돌봄·보육 문제에 대해서는 공통된 인식을 지니고 있다. 다행히 또한, 최근 종교계에서도 아이돌봄서비스 플랫폼을 구축하여 가정 내 아이돌봄 수요와 공급을 매칭시켜 주는 사업도 시작되고 있다.

이처럼 종교 단체들은 자신들의 신념과 가치관을 바탕으로 아동돌봄서비스를 제공하면서 지역사회와 소통과 협력을 강화하고, 더 나은 사회를 만들기 위해 노력하고 있다.

그러나 각 종교마다 추구하는 이념과 철학이 다르기 때문에, 그 방법과 내용에도 차이가 있을 수 있다. 따라서 특정 종교의 역할만을 강조하기보다는 여러 종교 단체들이 서로 협력하여 보다 효과적인 아동돌봄서비스를 제공하는 것이 바람직하지 않을까.

그러나 거듭 말하지만 저출생 문제는 국가적 위기이기 때문에 정부·국회·종교·시민단체 등 전 국민이 힘을 모아야 한다. 지금이야말로 교회의 저력을 깨워야 할 때다. 선교원, 공부방, 아기학교, 어린이집, 지역아동센터, 대안학교를 운영해온 교회는 풍성한 인프라·인적자원·매뉴얼을 갖고 있다.

다른 모델을 들여오더라도 단시간 내에 교회화시킬 수 있는 능력을 지니고 있다. 예컨데 서울시에서 오픈한 '서울형 키즈카페'를 모델로 한 교회형 키즈카페를 만들 수 있다. 서울시는 실내형 공공 놀이터를 서울시 모든 동에 1개씩 만들겠다는 계획이다. 시설비와 운영비는 서울시가 지원한다.

그래서 교회공간 활용을 제안했다. 교회공간이 지역 아이들의 놀이터가 되는 것이다. 그만큼 지역주민의 교회 접근성이 높아질 것이다. CTS 안에도 서울형 키즈카페를 설치할 예정이다. 따라서 향후 CTS는 교회형 키즈카페의 운영방식과 프로그램을 제공할 수 있다.

이처럼 교회는 저출생 시대에 가족 가치관 강화, 지역사회와의 연계, 교육적인 측면 등 다양한 분야에서 역할을 수행함으로써 저출생 문제를 해결하는 데 기여할 수 있다. 이를 위해 CTS는 앞으로도 정부와 지자체 등과의 협력을 통해 보다 체계적이고 효과적인 지원 방안을 마련할 것이다.

실제로 지난 5월 CTS와 저출생대책국민운동본부는 교회 대상으로 서울형 키즈카페 설치와 교회형 아동돌봄터 설명회를 열었다.

2022년 아동정책세미나를 CTS와 국회에서 각각 진행했다. 이와 함께 아동돌봄정책 제안서를 정부에 제출했다. 지방도시에서도 지방 정부의 돌봄 운동을 일으키기 위해 지역 출범식을 했다. 한 예로 경북 의성군과 함께 저출생시대 대한민국 지역사회 돌봄 포럼을 진행했다. 의

성군의 인구는 21만 명에서 5만 명으로 줄어든 곳이다. 2023년 3월부터 매월 아동돌봄정책 포럼을 진행하기도 했다.

"한 아이를 온 마을이 돌본다."라는 아프리카 속담이 있다. 한 아이가 성장하는 데 있어서 주변 환경이나 이웃, 가족 등 다양한 요인들이 영향을 미친다는 것을 강조하는 표현이다. 즉 개인 혼자서 아이를 키우는 것이 아니라, 주변 사람들과의 상호작용과 협력이 필요하다는 것을 의미한다.

아이들은 가정뿐만 아니라 학교나 지역사회에서도 교육과 지원을 받아야 하며, 이를 위해서는 정부 및 지자체, 교육기관, 시민단체 등 다양한 주체들이 함께 협력해야 한다. 또한, 아이들을 둘러싼 문제들은 단순히 개인적인 문제가 아니라 사회 전체의 문제로 인식되어야 하며, 이러한 문제들을 해결하기 위해서는 사회 전반의 관심과 노력이 필요하다.

아이 수가 줄어드니 경제적 문제로 어린이집이 문을 닫는다. 당연한 경제논리겠지만 단 한 아이라도 받아 돌보는 곳이 있다면 아이 낳기를 주저하는 부모들의 마음을 움직일 수 있지 않을까?

출산축하금을 주고, 공동육아 나눔터를 만드는 교회가 늘고 있다. 이러한 노력은 다음 세대를 섬기는 한 방법이다. 한 예로 교회형 아동 돌봄터를 들 수 있다. 우리 조상들의 품앗이 돌봄에 착안한 것이다. 원하는 교회에 CTS는 매뉴얼과 프로그램을 제공하고 있다. 단순히 아이를 돌보는 것에 그치지 않고 '멘토맘'을 두어 육아 초보인 부모들을 도울 것이다.

'한 교회, 한 학교 세우기'에 이어 이제 '한 교회, 한 아동 돌봄터'를 장려할 때다. 교회는 때때로 세상의 흐름에 맞서야 한다. 이를 위해 현대 사회의 변화에 맞게 교리를 재해석하고, 새로운 메시지를 전달해야 하지 않을까? 무엇보다 다양한 매체를 활용하여 대중과 소통하는 방식을 모색해야 한다. 이곳 CTS로 나를 부르신 하나님이 내게 이 소명을 주셨다.

아동돌봄정책 입법 서명운동에 동참해주십시오

• • •

2023년 1월 두란노교회를 방문했다. 두란노교회의 이상문 담임목사님은 CTS의 '내가 매일 기쁘게' 프로그램에 출연한 적이 있다. 방송을 보면서 감동하였는데 그 가운데 '아기학교'에 관한 이야기가 내 관심을 끌었다.

이 목사님은 개척 초기부터 아내와 함께 두세 가정의 아기를 돌봐주기 시작했다. 아이들을 어찌나 지극정성으로 돌보고 사랑했던지 소문이 자자해졌다. 그러자 아기 수가 늘어났다. 아기 엄마·아빠의 수 역시 늘어났다. 그러다 보니 아기돌봄이 자연스럽게 교회 부흥으로 이어졌다.

대안적 돌봄 시설 구축 방안을 위한 국회 토론회
(오른쪽 네 번째 감경철 회장, 그 오른쪽으로는 CBS 김진오 사장, 이채익 의원이다.)

이 목사의 별명은 '두목'이다. '두란노교회의 목사'를 줄인 말이다.
이 목사는 처음 서울 강서구 방화동에 교회를 개척했다. 그 당시에도
소위 깍두기 머리를 고수하던 이 목사를 본 동네 사람들은 조폭이 목사
가 되었다고 수군거리기도 했다. 어쩌면 두목이란 별명은 이때부터 붙

여진 것인지도 모른다.

그 후 두란노교회는 경기도 김포시로 이전했다. 이전 3년 차가 되는 때에 내가 방문했다. 이 지역은 10년 전부터 한강 신도시로 불리던 곳이다. 신도시의 특성상 젊은 부부가 상대적으로 많다.

"저희는 뒤늦게 후발 주자로 들어온 셈입니다."

교회 건물과 시설을 둘러보았다. 독특한 점은 모든 공간과 시설이 주일학교에 초점을 두고 지어졌다는 것이다. 예컨대 본당을 2층으로 하면 수용인원이 많아진다. 그러나 어른 예배를 한 번 더 드리더라도 영아부실, 유아실과 교육관을 더 만들기로 했다.

"현재 주일학교의 학생 수가 200명 정도 됩니다. 3부 예배 때는 아이들을 뒤로 모아 간식을 줍니다. 그동안 아이들의 부모는 예배에 집중할 수 있지요. 엄마 아빠랑 떨어져 있어도 될 만한 아이들은 바로 옆 유치부로 데려갑니다. 그곳에서 따로 유치부 예배를 하는 거죠. 초등학교 1-2학년, 3-4학년, 5-6학년, 이렇게 세 부서로 나누어 지하 1층에서 예배합니다."

두란노교회는 코로나 시즌에도 190명의 새 신자가 등록했다. 대다수가 아이들을 따라온 것이다.

"지금은 아이들에게 먹을 것을 준다고 해서 교회에 오는 시대가 아닙니다."

이 목사가 아기학교를 시작하게 된 계기가 있다.

어느 날 저녁을 하다가 한 아기 엄마가 아이를 12층에서 내던졌다는 뉴스를 접하게 되었다. 산후 우울증으로 힘들어하다가 그런 일을 저지른 것이다.

"그래서 내가 저런 사람들을 위해 할 수 있는 일이 없을까 생각하다가 기도하러 갔어요. 그런데 기도 가운데 하나님이 아기학교에 대한 감동을 주셨습니다. 그래서 아기학교에 대해 인터넷 검색을 했더니 두어 군데가 있더라고요. 서울 충신교회랑 부산 호산나교회!"

그래서 직접 찾아가 보니 이 목사가 생각한 아기학교가 아니고 문화센터나 영어 유치원에 더 가까웠다. 이 목사는 우선 엄마들이 애를 데리고 교회에 나오면 아이들은 주일학교 선생님들이 봐주고, 그 사이 엄마들은 스트레스를 풀기 원했다. 그러다 보면 자연히 선생님들과도 친해지고 전도도 될 수 있다고 생각한 것이다.

마침 교회에는 어린이집 선생님을 했던 분들이 있었다. 그 후 교회에서는 엄마들에게 점심을 푸짐하게 대접했다. 그리고 게임도 하면서 즐겁게 지내도록 도왔다. 주일 낮 식사비보다 훨씬 더 많은 예산이 들었지만, 기꺼이 투자했다. 처음에는 아기학교가 뭔가 하고 어리둥절하던 사람들이 차차 이해하기 시작하면서 너도나도 몰려오기 시작했다. 교회에서는 전단도 돌렸다. 불신자 부모들은 주로 교회 권사님들이 맡았다. 이 권사님들이 아기엄마들을 아주 즐겁게 해주었다.

사람들이 많이 몰려오기 시작하니까 일주일에 두 번, 화요일과 목요일에만 진행하기로 했다. 그러나 서로 친해지니까 평일에도 서로 불러내서 차도 마시고 친해졌다. 그러면서 절로 교회 전도가 시작되었다. 현재 교인들 가운데 아기 엄마들이 아이들을 일반 어린이집으로 보내지 않고 교회로 오게 하는 것을 계획 중이다.

이 목사는 원래 어린이집을 운영했었다고 한다. 계속 어린이집을 하고 싶었지만 종교 시설에서 어린이집을 하는 데에는 법에 따른 제재가 많았다. 작은 예로 예배라도 드리면 고발당한다고 말했다. 교회가 상가 건물로 이사하면서 법령의 제지를 더 많이 받게 되었다. 1층 건물이 아니면 안 된다는 것이다. 이 목사가 어린이집을 운영하던 당시 서울시에 종교 시설 내 어린이집은 4개 밖에 없었다고 한다. 결국 어린이집을 반환했는데 지금도 아쉽다고 말했다.

나는 다음과 같은 말로 목사님의 돌봄 사역을 격려했다.

"목사님, 할 수 있습니다. 저희가 교회 시설 내 아동돌봄을 위해 입법청원을 준비하고 있습니다."

• • •

저출생의 여러 가지 이유 가운데 돌봄의 어려움이라는 것은 누구나 동의할 것이다. 따라서 저출산 대책을 논할 때 돌봄 정책이 병행되어야 한다. 이를 위해 저출생대책국민운동본부에서 진행하는 '아동돌봄 정책 입법서명운동'을 전개하고 있다. 전국의 교회시설 내 아동돌봄을 위한 법개정을 촉구하는 서명운동이다.

아동돌봄 정책 입법서명운동이 필요한 이유는 무엇일까? 우리나라의 출산율이 감소하면서 어린이집이 줄어들고 있어 아이를 키울 수 있는 환경이 열악해지고 있다. 그러나 교회시설의 주중 유휴공간을 아동돌봄을 위한 공간으로 활용하여 보육사각지대를 해소할 수 있다. 그러나 현행법으로는 종교기관이 영유아돌봄 서비스를 제공할 수 없다. 이러한 장애물을 제거하기 위해서는 국회가 입법을 해야 정부는 정책을 추진할 수 있다.

생방송 "한국교회를 논하다" 장면
(오른쪽은 저출산고령사회원회 김영미 부위원장이다.)

저출생대책국민운동본부 본부장으로서 무거운 책임감을 느낀 나는 지난 한 해 바쁘게 뛰어다녔다. 관련자료들을 온오프라인으로 공개하기도 했다. 이곳저곳을 다니며 100만 명 동참을 목표로 국민운동을 펼쳤다. 그 과정에서 타 종교의 변심으로 마음이 상하고 애를 먹기도 했으나 포기하지 않고 소통과 협조를 구하고 있다.

감사하게도 많은 분들이 공감하고 서명에 동참하고 있으며, 2023년 9월 18일 기준 25만 명이 서명에 동참했다.

아동돌봄 정책 입법 서명운동은 지금도 진행 중이고 하나님의 개입과 도우심도 진행 중이다. 아동돌봄 정책 입법 서명운동은 부모와 자녀, 지역사회와 국가의 미래를 위해 매우 중요하다. 많은 사람들이 참여하여 반드시 아동돌봄 정책이 올바르게 구현되기를 바란다.

국가교육위원회 이배용 위원장과 함께

(사)행복한 출생, 든든한 미래 창립총회 모습

저출산 극복을 위한 토론회 방송 녹화를 마치고

단상 모음

* '단상 모음'은 저자가 수년 전부터 고민하고, 방송이나 강연을 통해 말하고, 수집한
  자료들을 토대로 글로 썼던 것들을 모은 것이다.

이 땅의
다음 세대들에게

이른바 SKY대, 아이비리그를 꿈꾸는 학부모, 학생이 여전히 많다. 졸업 후 글로벌 기업에 취직이라도 하면 더할 나위가 없을 것이다. 그러나 사랑하는 청소년들, 서울대에 가고 싶죠?

서울대만이 대학이 아니에요. 저 아프리카 오지에도 서울대는 있습니다. 어느 나라든 그 나라 국립대학 가운데 제일 좋은 대학은 서울대입니다. 우리나라 서울대학을 갈 실력이 안 되면 나라 밖으로 시선을 돌리세요. 하나님이 함께하시는데 어딘들 못 가겠습니까?

아프리카에서는 다양한 언어를 사용합니다. 이전에 식민지 국가였기에 영어·프랑스어·독일어·네덜란드어·스와힐리어·콩고어 등 수많은 언어를 사용합니다. 아프리카 대학에서는 주로 스와힐리어와 영어·프랑스어 등으로 강의합니다.

여러분이 아프리카 국립대학에 입학하면 적어도 외국어를 서너 개는 하게 되는 거죠. 저는 이 나이에도 계속 공부하고 싶어 사소한 것도 놓치지 않고 있습니다. 책도 손에서 놓지 않습니다.

앞으로 여러분이 설 자리는 이 나라가 아니라 글로벌 지구촌입니다. 서울대니 아이비리그니 하는 대학이 미래를 보장하지 않습니다. 그곳에서 학위를 받고도 할 일을 못 찾은 사람들이 한둘이 아닙니다. 세계 유명 대학들은 새로운 패러다임에 진입한 지 오래입니다. 세계 어느 곳에서든 석학들의 강의를 들을 수 있습니다.

여러분, 70여 년 전의 한국이 어떠했는지 아십니까?
세계에서 두 번째로 가난한 나라였어요. 필리핀의 국민소득이 우리나라의 여덟 배였어요. 여러분, 장충동에 있는 장충체육관 아십니까? 한국에서 처음으로 세워진 실내경기장이에요. 이 경기장을 누가 지어줬는지 아십니까? 필리핀에서 지어줬어요. 그런데 지금 우리나라랑 필리핀이랑 비교해 보세요. 소득 차이가 어떻게 나는지.

우리가 후진국이라고 부르는 나라들. 국립대학에 가면 그 나라에서 머리 좋고, 집안 배경 좋은 사람들 다 몰려와요. 그곳에 가서 그들과 함께 공부하면 미래를 위한 네트워크가 형성되는 것입니다. 그들이 졸업 후 그 나라 정치·경제·사회 각 분야의 지도자가 될 것입니다.

아프리카 유학에 관심 있으면 우리 CTS에 문의해보세요. 저희 센터에서 무료 상담해 줄 것입니다.

* CTS는 탄자니아의 우수한 학생들을 장학생으로 받아서 한국의 명문대학교
  에서 공부할 수 있도록 도왔다. 그리고 한국의 대안학교 졸업생이나 대학
  진학생들을 탄자니아 국립대학교로 보낼 장학 사업도 계획하고 실행한 바
  있다.

비전이란 무엇인가?

여러분은 비전이 뭐라고 생각하십니까?

창세기 15장에 보면, 하나님이 아브람에게 환상 중에 말씀하시는 장면이 나옵니다.

하나님께서 아브람에게 나타나 두려워하지 말라고 하시면서 '내가 네 방패이고 네게 큰 상급이라' 하십니다. 그러니까 아브람이 말합니다. 본인은 자녀가 없어서 모든 재산을 일꾼인 다메섹 사람 엘리에셀에게 물려주게 생겼는데 내게 무엇을 주시겠냐구요. 이 물음은 어쩌면 한탄 섞인 말일 수 있습니다. 이미 있을 만큼 있는 재산도 줄 자식이 없어서 남에게 주게 생겼는데, 그런 나에게 무슨 상급을 또 주시겠냐는 반문일 수도 있습니다.

그러자 하나님은 엘리에셀이 아니라 네 몸에서 난 자가 상속자가 될 거라고 말씀하시면서, 15장 5절에 하나님이 아브람을 이끌고 밖으로 나가서 하늘을 보여줍니다. 그러면서 하늘의 뭇별을 셀 수 있나 보라고 하십니다. 하늘의 별처럼 네 자손이 많을 것이라고 말씀하십니다.

15장 6절에 기막힌 장면이 나옵니다. 아브람이 여호와를 믿으니 여호와께서 이를 그의 의로 여기시고...라고 나옵니다. 당시 아브람 나이가 이미 칠십이 넘었고, 자식은 한 명도 없던 상황이었습니다. 그런데 하나님은 하늘의 별처럼 자손을 많게 하겠다고 하셨고 아브람은 그 약속을 믿었다고 나옵니다. 여러분 같으면 그 상황에 믿을 수 있었겠습니까? 혹시 저라면 '에잇! 하나님~ 농담 그만 하세요!'라고 했을지도 모릅니다.

아브람은 정말 대단한 믿음의 소유자였습니다. 하나님이 말씀하신 것을 그대로 믿었습니다. 하나님이 보여주신 비전을 그대로 가감 없이 믿었습니다. 그런 아브람의 믿음을 하나님께서는 의로 여겨주셨던 것입니다. 이런 아브람을 통해 저 자신을 돌아보게 되었습니다.

제게는 85세 나이에 이 산지를 달라고 외치던 갈렙의 도전정신도 부족하고, 하늘의 별처럼 자손을 많게 하신 비전을 그대로 믿은 아브람 같은 믿음도 부족합니다.

그러나 제가 분명히 고백하기는 '주님이 하시면 됩니다.', '주님이 하시면 반드시 됩니다.' 내가 하면 될 일도 안 될 수 있지만, 주님이 하시면 안 될 일도 반드시 된다는 게 제 고백입니다.

그래서 1만 1천 비전(일 만 목자 양성, 일 천 교회 개척)을 위해 1995년 비전을 받은 날로부터 지금까지 매일 기도하고 있고, 조금씩 한걸음씩 계속 내딛고 있습니다.

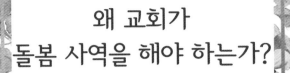

왜 교회가
돌봄 사역을 해야 하는가?

우리나라 돌봄 사역의 역사는 벌써 100년이 되었다. 1921년, 서울의 '태화 기독교 사회관'은 보육프로그램을 운영하면서 하루에 몇 시간씩 어린아이를 맡아 돌봐 주었다. 1926년, 부산의 '공생탁아소', 대구의 '은총탁아소'가 뒤를 이었다. 따라서 한국 교회는 돌봄 사역의 뿌리를 재확인하고 주인의식을 되찾아야 한다.

1970년대 이후 우리 사회의 산업화와 발전 과정에서 종교계는 공부방, 선교원, 아기학교 등 다양한 시설로 돌봄과 대안적인 교육의 공간을 제공하였다. 이러한 시설들이 법규의 정비와 정부의 지원을 통하여 어린이집, 지역아동센터, 유치원, 사립학교, 대안학교 등으로 발전한 전례가 있다. 90년대만 해도 전국에 1만 5천여 개의 선교관이 있었다. 이를 통해 기독교는 큰 영향을 미쳤다. 그러나 정부 보육정책의 변화와 함께 2014년, 5만여 개의 전국 영유아 교육기관 가운데 기독교 관련

기관은 10% 미만으로 줄었다.

2022년 정부 예산을 보면 영유아, 아동 분야 지원이 확대되고 지원 항목도 추가되었다. 출산 구도가 이미 무너진 지금 이제 돌봄서비스, 돌봄 사역은 정부 혼자 해결할 문제가 아니다. 이제 정부는 전국 5만 여 개의 교회와 협력하고, 활용해야 한다. 한국 교회는 이미 다음 세대 보육교육에 필요한 충분한 시설과 인력을 갖추고 있다. 예컨대 전국에 10만 개 정도의 종교 시설이 있다. 그중에 교회가 지금 6만 개 정도이다. (코로나19로 해서 5만 1천여 개로 감소했음)

2021년 7월 14일, "한국 교회 부모 되어 다음 세대 세워가자"라는 표어와 함께 'CTS 다음세대 운동본부'가 출범했다. CTS는 이미 2004년, 저출산율 문제를 심각하게 여기고 영유아 보육정책과 더불어 한국 교회 목회자, 기업 등과 네트워크를 형성한 바 있다. 또 교회 울타리 낮추기 운동을 전개하여 보육 시설과 방과 후 학교를 대거 늘려나간 바 있다.

지금은 심각한 출생률 저하의 해결방안의 하나로 보육정책에 초점이 모아지고 있다. 특히 교회의 돌봄 사역이 무엇보다 중요하다. 연구 논문에 따르면 국공립 어린이집의 공급이 높은 지역에서는 맞벌이 영유아 부모의 삶의 만족도가 증가한다고 한다. 또한 늦게까지 아이를 맡길 수 있는 어린이집이 있는 지역의 삶의 만족도 역시 높게 나타났다 (민규량, 「영유아 보육지원정책의 효과성 분석」, 서울대학교 대학원, 2020).

그뿐 아니라 보육시설 공급률에 따라 노동공급과 출산율이 달라진다. 즉 보육시설 공급률이 높을수록 또 보육시설 입소가 용이할수록 다자녀모의 경력유지 확률이 증가한다. 결국 부모가 마음 놓고 아이를 맡길 수 있다면 출생률은 증가한다는 말이 된다. 이를 위해 아이를 맡길 곳이 집에서 가까워야 할 것이다. 또 믿을 수 있는 곳이어야 한다. 새로 지을 때까지 기다리지 않고 이미 있는 곳을 언제라도 활용할 수 있어야 한다.

이러한 조건에 딱 들어맞는 곳은 지역교회 밖에 없다. 동네마다 크고 작은 교회가 있다. 주중에는 비어 있는 교회도 많다. 정부의 지원으로 시설을 확충하면 언제든지 돌봄센터로 변모가 가능하다. 굳이 규모가 클 필요가 없다. (목회자 부부가 자기 아파트에서 아이들을 돌보는 곳도 있다.)

교회는 보육과 교육에 적극 참여해야 한다. 몇 년 전만 해도 이를 위한 정부의 지원을 요청할 때 기독교라는 특정종교만 지원할 수 없다고 한다. 그래서 교회가 아이들을 사랑으로 보살피고, 영성교육하기 위해서는 무엇보다 여러 가지 정부 규제가 풀어져야 한다.

그러나 꾸준히 캠페인을 하면서 교회가 보육을 전문적으로 지원할 수 있는 틀을 마련해야 한다. 이를테면 교회 예산의 일정액을 투입하고, 교회 내 전문 인력을 적극 활용하도록 한다. 전문 인력, 교사 훈련과 양성은 CTS에서 특정 프로그램을 만들어 실질적으로 도울 수 있다. 실제로 CTS다음세대운동본부에서는 교수와 연구인들과 함께 이를 위한 심층조사와 프로젝트를 개발하고 있다. 영역을 해외로까지 확장하여 취합된 정보와 프로젝트를 공유할 것이다. 이러한 작업이 어느 정도 틀을 갖추면 대기업이나 정부 지원도 당당히 요구할 수 있을 것이다.

하나님의 명령

흑사병은 중세 때의 역병으로 인류역사상 가장 큰 피해를 준 질병이다. 흑사병으로 인해 전 세계인구가 최소 1억 명 정도가 줄었다고 한다. 그런데 한국의 저출생을 흑사병에 비유한 사람이 있다. 바로 「뉴욕타임스」의 칼럼니스트 다우서트다. 다우서트가 '한국은 소멸하는가?'라는 제목으로 칼럼에서 듣기만 해도 오싹한 말을 했다.

"한국의 인구감소 속도가 중세 유럽 흑사병 때보다 심각하다."

다우서트가 이 글을 쓸 때만 해도 대한민국의 합계출산율은 0.78%를 염두에 두었다. 그런데 얼마 전(2023년 2분기) 합계출산율인 0.7명으로 더 낮아졌다. 이제 우리나라는 저출산으로 인해 소멸하는 나라의 본보기처럼 되어 버렸다.

이런 뉴스를 접할 때마다 사람들은 "큰일"이라고 말하지만 많은 사람들이 애써 현실을 무시하거나 내 문제는 아니라고 생각한다. 한국 교회 역시 마찬가지다. 교회는 하나님의 백성이 모인 거룩한 공동체다. 그리고 교회는 인류가 접한 모든 문제를 정확히 인식해야 할 의무가 있다. 그리고 그 해결책을 하나님의 말씀에서 찾아 제시하고 움직여야 한다.

하나님은 "생육하고 번성하라"고 말씀하셨다.(창 1:28) '생육하라'의 히브리 원어는 '파라'다. 영어로 옮기면 'fruitful'이다. 즉 '열매를 맺다', '자녀를 많이 낳다', '결실이 풍성하다'라는 의미다. 구약성경에 이 단어가 30번이나 나올 정도로 하나님의 명령은 중대하다. 그러나 갈수록 결혼하는 사람이 줄고, 결혼해도 절반 이상이 아이를 낳지 않겠다고 한다. 한때 '천만 도시'로 불리던 서울의 인구도 지금은 940만대다. 대한민국에 거주하는 주민등록 인구는 2019년을 기점으로 줄고 있다.

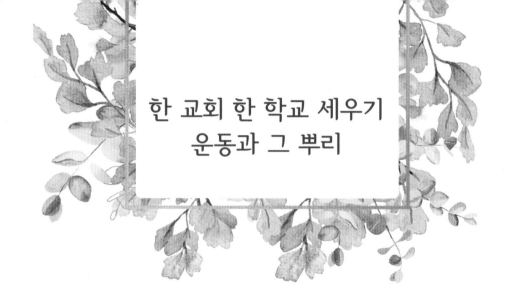

한 교회 한 학교 세우기
운동과 그 뿌리

사실 한 교회 한 학교 세우기 운동은 갑자기 등장한 구호가 아니다. 100년 전에도 한국 교회 내의 기독교 학교 설립 운동이 활발했다.

1905년에서 1908년, 3년 동안의 통계를 보면 세 교회 당 소학교 1개를 세웠다. 학교가 없어서 교회가 나서서 세운 것이 아니다. 일반 학교는 많았다. 그러나 자녀들에게 올바른 신앙교육하기 위해 세운 것이다. 또 시대를 치유하고 나라를 구하기 위해서였다.

최근 출간된 Z세대에 관한 책 『Engaging Generation Z』를 보면, 미국 고등학생 66%가 졸업 후 교회를 떠나고 있다고 한다. 그리고 올바른 기독 교관을 가진 청소년들은 전체의 4%에 불과하다고 한다. 그뿐 아니라 10대 무신론자 비율은 기성세대보다 2배나 높다고 한다. 그래서 미국의 다음 세대는 역사상 최고의 위기 속에 있다고 저자는 우려한다. 그렇다면 한국 교회의 다음 세대의 상황은 어떠할까? 미국의 상황보다 훨씬 심각할뿐더러, 더 큰 위기 속에 있다고 보고 있다고 본다.

많은 청소년이 세속의 물결에 빠른 속도로 휩쓸려가고 있다. 이들을 다시 교회로 끌어들인다는 것은 절대 쉽지 않다. 그래서 어릴 때부터의 신앙교육이 탄탄해야 한다. 세상의 이론보다는 하나님이 원하시는 성경적 자녀 양육법으로 양육하는 것은 하나님이 원하시는 일이다.

이제 한국 교회는 한 교회 한 학교 세우기를 통해 믿음의 세대, 또 분야별 인재를 키워내야 한다. 이들이 정치 경제 사회 문화, 전 영역에서 영향력을 발휘할 것이다. 또 세계로 뻗어 나갈 것이다. 그리하여 많은 사람을 이롭게 할 것이고, 죽어가는 영혼들을 살릴 것이다. 이것이 바로 하나님의 나라다. 이것이 곧 다음 세대를 세우는 것이고, 교육 선교다. 그리고 우리가 이 일에 동참해야 한다. 이때를 놓쳐서는 안 된다. 지금 결단하시라! 움직이시라!

해크먼 교수에게서 배우다

출산율 증가

• • •

복지라고 하면 떠오르는 몇몇 나라가 있다. 여러 가지 복지정책 가운데 의무 교육에 관한 자료들을 보다가 흥미로운 사실을 발견했다. 의무 교육 나이를 5세에서 만 3세로 낮추었더니 청년들의 결혼과 합계출산율이 반등했다는 것이다. 보육은 교육만큼이나 중요해서일 것이다. 나는 20여 년 저출생, 영유아 교육, 돌봄과 관련된 일을 해왔다. 그 과정에서 내게 큰 영향을 미친 인물 가운데 하나가 제임스 해크먼 교수이다. 해크먼 교수의 연구 결과라든지 이론은 내가 하는 일에 큰 힘을 실어 주었다.

제임스 해크먼 교수는 노벨 경제학상 수상자다. 해크먼은 시카고 대학의 헨리 슐츠 경제학 석좌교수이며 인간 개발 경제학의 전문가이다. 그런데 노벨상을 받은 이후 영유아·아동 환경 연구를 시작했다.

해크먼 교수는 유아교육 투자를 강조했다. 그리고 유아교육이 얼마나 중요하고 투자가치가 있는지 증명했다. 해크먼 교수는 돌봄과 조기교육 프로그램 연구에 따르면 프로그램에 참여한 어린이는 또래의 다른 아이들보다 사회 정서적 발달과 교육성과에서 훨씬 우위를 차지한다. 또한 어릴수록 투자 효과가 높게 드러난다.

더더욱 눈길을 끄는 것은 경제적 이점뿐만 아니라 장기적으로 범죄가 감소하고 공공 비용이 절감된다는 것이다. 예를 들어 스포츠 경기장이나 오피스타워 건설과 같은 공공투자보다 비용 편익이 높다. 좀 더 쉽게 말하자면 영유아 교육투자야말로 수익률이 높다는 것이다.

이러한 해크먼 교수의 이론은 여러 선진국에 영향을 주었다. 스웨덴, 노르웨이, 덴마크가 해크먼 교수의 이론을 적용했다. 이어 영국, 독일도 따라갔다. 그리고 북유럽 국가에서는 의무 교육 나이를 5세에서 3세로 낮추었다. 그러자 놀라운 결과가 나왔다. 출산율이 높아진 것이다. 자신의 이론이 출산율까지 높일 것이라고는 해크먼 자신도 예측하지 못했다.

현재 OECD 국가 다수가 해크먼 교수의 이론을 정책에 도입하고 있다. 우리나라 역시 OECD 국가로서 영유아 보육·교육 서비스 정책을 진지하게 고려해 봐야 하지 않을까?

청년들은 왜 결혼을 안 할까? 결혼해도 왜 출산을 꺼리거나 포기할까? 2020년 기준으로 30대 남성 미혼율이 50%가 넘었다. 남녀 합치면 42.5%이다. 청년들은 살벌한 무한경쟁시대에 살고 있다. 후손을 남기느냐 마느냐보다 자기 생존 자체가 위협을 받을 정도이다.

청년들이 아이를 낳고 싶어도 양육과 돌봄 문제가 걱정이다. 대가족시대에는 아이를 일단 낳으면 돌봐줄 사람들이 많았다. 그리고 맞벌이 부부도 많지 않았다. 또한 아이가 어느 정도 크면 교육비, 특히 사교육비가 만만치 않다. 아이를 낳기 전에 내 집을 마련해야 한다는 압박감이 있다. 내 집을 마련한다는 것이 일반인들에게는 결코 쉬운 일이 아니다. 예전에는 노후에 자식을 의지할 수 있다는 기대감이 높았으나 지금은 시대가 완전히 달라졌다.

CTS는 2006년부터 저출생 문제에 관심을 두었다. 다음 세대를 위한 교육문제, 다음 세대 교육을 지원하는 문제 등을 위해 계속 고민하고 여러 가지를 추진해 왔다. 인구문제는 교육·경제·사회는 물론 국방과 다른 여러 분야에 영향을 미친다.

지금은 사회 전반의 여러 현상을 통해 저출생 문제를 실감할 수 있다. 이를테면 아동병원이 문을 닫고, 입학생이 없거나 줄어드는 것은 두말할 것 없고, 올해 졸업식을 못한 초등학교가 전국적으로 90여 개나 된다. 많은 지방대학이 통폐합되고 있다. 주일학교를 운영하지 않는 교회가 50%를 넘었다. 이러한 현상은 지방에서 더욱 두드러진다.

이처럼 저출생 문제는 국가와 교회를 비상사태로 몰아가고 있다. 그렇다면 이 문제와 관련하여 한국 교회가 실질적으로 할 수 있는 일이 무엇일까? 저출생을 논하기에 앞서 청년들이 왜 결혼을 안 하는지를 생각해볼 필요가 있다. 이 부분을 간과한 모든 정책은 사상누각일 수밖에 없다.

한국의 노년층은 자녀들에게 있는 대로 다 퍼주고 노후 준비를 제대로 못하는 것이 현실이다. 문을 닫는 지방대학들이 늘어나고 있다. 그러다 보니 상권도 함께 타격을 받는다. 2030년에 청년층 구인난 인구 쇼크가 동시에 올 수 있다고 염려한다. 일본의 현 상황이 한국에서도 재현된다는 것이다. 청년이 일자리를 구하려니 경력 증명이 없으니 면접에서 계속 떨어진다.

어영부영 하다보면 금세 서른 살이 된다. 서른 살이 되고 나면 취업 문은 더 좁아진다. 먹고는 살아야 하니 부모 밑으로 다시 들어간다. 경제적 자립이 안 된 상태이니 결혼은 무기한 유보되거나 포기한다. 이런저런 이유로 부모의 노후 자금은 슬금슬금 새나간다.

옥스퍼드 인구 문제 연구소의 발표(2006년)가 인구 부족으로 가장 먼저 사라질 나라로 대한민국을 꼽았다. 그때만 해도 먼 미래의 일로 느껴졌을 것이다. 아니면 설마 그 정도로까지 인구가 줄어들까 하며 심각하게 생각하지 않았을 것이다. 그러나 그 후 십여 년이 지나자 인구 감소는 현실로 나타나기 시작했다. 17년이 지난 지금(2023년) 이 불길한 예측은 현실로 나타났다. 그에 따르면 한국이 저출산 문제를 해결하지 못하면 지구상에서 가장 먼저 사라질 나라라고 한다.

예전 같으면 부담 없이 양가 부모님께 자녀를 맡기고 다음 아이를 낳곤 했다. 그러나 손자·손녀를 맡아 기르는 일이 얼마나 힘든가. 지금은 많은 어르신이 노후를 편안히 즐기고 싶어 한다. 그래서 아이를 낳더라도 하나에서 그치고 만다.

물론 결혼과 선택은 개인 선택의 문제이기에 그 누구도 강요할 수 없다. 그러나 성경을 믿는 청년들이라면 생육하고 번성하라는 하나님의 명령에 순종하지 않을까? 그러나 순종하고픈 마음은 있어도 현실적으로, 특히 경제적 장벽이 가로막고 있다. 일단 혼자 먹고 사는 문제도 버거운 청년들이 많다. 갈수록 취업의 문은 좁아지고 빈부의 격차는 커진다. 어찌어찌해서 결혼하더라도 선뜻 아이를 낳지 못한다.

보육의 문제가 기다리고 있기 때문이다. 지금이야말로 교회가 청년들을 섬길 때다. 청년들이 교회로 돌아오게 해야 한다. 청년들이 안심하고 결혼하고 자녀를 낳을 수 있도록 도와야 한다. 보육에 대한 부담을 덜어주어야 한다.

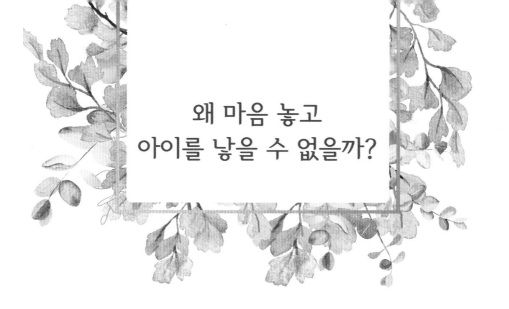

왜 마음 놓고
아이를 낳을 수 없을까?

아이를 낳지 않는 이유는 다양하다. 일반적으로 경제적 부담, 양육비 및 교육비 부담, 경력 단절, 주거환경 미비 등이 아이를 낳지 않는 주요 원인으로 꼽을 수 있다.

이외에도 아이를 키우는 데 필요한 시간과 노력, 부부의 삶의 질 향상 등도 아이를 낳지 않는 이유 중 하나다. 또한, 최근에는 경쟁이 심한 한국 사회의 분위기와 자신의 정신 건강이 불안정한 상황에서 가정을 꾸리고 아이를 낳고 양육하기에 충분하지 않다고 느끼는 청년들이 많아지고 있다.

이러한 이유로 아이를 낳지 않는 부부가 늘어나면서 저출산 문제가 심각한 사회적 문제로 대두된 지 오래다.

아이를 낳지 않는 이유는 개인마다 다르다. 따라서 개인의 선택을

존중하고, 그들의 삶의 질을 향상할 수 있는 대책을 마련해줘야 한다. 즉 결혼하지 않는 이유는 혼자 먹고 살기도 힘들기 때문이다. 또 아이를 낳지 않는 이유 가운데 하나는 키우기가 힘들기 때문이다. 물론 다양한 이유가 있겠지만 결국은 돈·시간·자유로 집약된다.

청년들의 말에 진심으로 귀를 기울인 적이 있는가? 정부와 기업, 사회단체 등은 이러한 문제를 해결하기 위해 다양한 대책을 마련하고 있지만 한 청년은 말한다.

"돈 몇 푼 쥐여 주는 것이 출산율 대책이라니 어이가 없습니다."

그렇다면 하나님을 믿는 그리스도인으로, 교회의 장로로, CTS의 회장이라는 공인으로서 내가 할 수 있는 일은 무엇일까?

인구문제는 곧 출산문제이고, 출산문제는 곧 보육과 교육과 주택문제입니다. 주택문제까지 교회가 관여할 수는 없지만, 보육과 교육문제는 한국 교회가 큰 역할을 담당할 수 있다.

아이를 낳지 않는 주된 이유는 무엇보다 자녀양육비와 보육비, 사교육비에 대한 부담이 크기 때문이다. 여기에 청년실업 증대로 소득이 불안정하다 보니 결혼 자체를 포기하는 경우가 많다. 특히 여성의 경우일과 가정을 병행하는 것이 어렵고, 출산으로 인한 경력단절을 두려워한다.

따라서 엄마들이 출산과 직장생활을 병행하면서 자녀교육도 시킬 수 있는 실질적인 정책이 필요하다고 생각한다. 현재 아이를 낳아도 맡길 곳이 없어 어려움이 많다. 부모가 퇴근하는 시간까지 아이를 돌보아 주는 곳은 거의 없다. 게다가 최근에는 아이들의 식사, 간식, 교육, 보육교사의 비상식적 행동 등이 언론에 자주 오르내린다.

그래서 아이를 맡기는 것이 더욱더 불안해졌다. 믿을 수 있는 교사와 돌보미가 있는 보육 시설이 만들어져야 한다. 산후조리원 역시 마찬가지다.

소형교회나 개척교회는 어렵겠지만, 중형교회 이상이면 기존 인프라를 이용하고, 전문 인력을 교육하면 이러한 문제를 해결할 수 있다. 즉 산후조리원, 영유아원, 교회학교, 방과 후 학교 등을 통해 교회가 출산부터 보육, 교육까지 총체적으로 도울 수 있다. 충분히 가능하다.

이를 위해 기독교인들이 국민청원 등을 통해 정치적 영향력을 행사할 정도로 힘을 모아 정부를 설득하고, 인가와 지원을 받아내야 한다. 종교 불평등이라 하여 이를 반대하지만 이에 대한 반론을 얼마든지 제기할 수 있다.

교회 유휴시설 활용을
생각하며

예비군도 정훈교육을 받아야 했던 시절, 나는 압구정 광림교회 담임목사인 김선도 목사님의 강의를 들었다. 광림교회는 원래 쌍림동에 있던 작은 교회였다. 교회 재정도 충분치 않아 교회 앞마당을 개조해서 월세를 받을 정도였다. 그런데 김 목사가 하나님의 비전을 선포하면서 교회가 급성장했고, 압구정동에 새 예배당을 건축했다.

그 당시 압구정동은 온통 배 밭이었고, 봄이면 배꽃이 흐드러지게 피던 곳이었다. 이곳에 대형 예배당이 들어선 것이다. 압구정동으로 교회를 옮기고 나서 김선도 목사는 교회시설을 민방위 교육 장소로 제공했다. 이에 대해 강남구청에서는 한 가지 조건을 제시했다. 강의하는 동안 포교나 선교와 관련된 강의는 하지 말라는 것이었다.

그러나 목사님의 강의가 워낙 능변인 데다가 힘이 넘쳐 듣는 이들의 마음을 흔들었다. 나도 그 가운데 한 사람이다. 그 당시에는 아직 예수를 믿지 않았던지라 강의를 듣고 은혜를 받았다는 식의 표현은 할 줄 몰랐다. 그 당시 내 표현대로라 '엄청' 감동을 받았다.

지금 돌아보니 교회에서 정훈교육을 실시한 것도 종교기관의 유휴공간을 활용 사례로 볼 수 있겠구나 생각한다. 그 이후로도 교회 유휴공간을 활용하여 지역사회를 이롭게 한 사례는 이어졌다.

2015년, CTS 경영기획팀에서는 미래학자의 연구를 토대로 CTS 영유아 어린이 선교전략을 세웠다. 향후 10년을 내다보고 곧 닥칠 사회경제적 위기 요인을 분석했다. 사회경제적 위기는 한국 교회의 위기이고, 한국 교회의 위기는 곧 CTS의 위기이기 때문이다.

이러한 위기요인들은 그대로 현실로 나타났다. 지금은(2023년) 심각한 국가적 이슈가 되었다. 한국 교회 역시 더 이상 무풍지대에 머물 수 없게 되었다. 사회 중산층 몰락과 더불어 교회 중심 성도 층 또한 몰락했다. 교인이탈로 헌금이 감소하고 교회 재정은 위축되었다. 구체적인 예로 기독교 총인구의 변화 추이를 예측하면서 위기 축소를 위한 골든타임을 강조했다. 지금이야말로 골든타임이라고 외친지가 엊그제 같은데 벌써 7년 이상이 지났다. 그러나 지금도 골든타임은 유효하다.

교회가 부모가 되어

2021년 CTS다음세대운동본부(저출생대책국민운동본부)에서 어머니들 대상으로 설문조사를 한 적이 있다. 어머니들이 피부로 느끼는 출산에 대한 배려가 무엇이냐는 질문에 대해 78.2%가 돌봄이라고 답했다.

돌봄은 단지 아이를 맡아 먹이고 돌보고 가르치는 것을 의미하지 않는다. 세속화에 대응하기 위한 그리스도인 용사를 어릴 때부터 양육해내고 보호하는 것이기 때문이다. 대안학교 세우기 캠페인을 하면서 북유럽 국가들의 성공사례와 여러 자료를 접했다. 그리고 이들에게서 배울 것이 무엇인지 살펴보았다. 이들은 현재 한국 교회가 걷고 있는 길을 이미 지났기 때문이다. 이를테면 저출생, 기독교의 침체, 기독교 문화의 쇠퇴 등이다.

나는 보육전문가도 교육전문가도 아니다. 그러나 상식적인 수준에서만 생각해도 대략 방향이 잡힌다. 한 예로 보육과 교육을 교회가 담당하면 출생율이 오르리라 확신한다. 기독교의 사랑으로 아이들을 돌보고 가르친다면 어느 부모가 마다하겠는가.

보육과 교육이 절실한 지금 한국 교회가 아이들을 부모처럼 돌보는 역할을 할 수 있다. 이것은 대한민국의 미래는 물론 한국 교회의 미래를 밝히는 최선의 방법이다. 교회는 안전하게 자녀들을 맡길 교육 장소를 지역사회에 제공할 수 있다. 또 출산 후 자녀 보육에 대한 어려움을 겪고 있는 청년세대를 도울 수 있다. 교회가 주중 유휴공간을 보육과 교육시설을 위해 지역사회에 기꺼이 제공하고, 정부나 지자체에 운영을 지원한다면 결혼한 젊은 세대와 다음 세대에게 큰 힘이 될 것이다. 교회는 이미 다음 세대 보육과 교육에 필요한 충분한 시설과 인력을 갖추고 있다.

CTS는 저출생대책국민운동본부가 출범하기 훨씬 전인 2006년부터 이 문제에 관심을 기울여왔다. 2006년에는 저출산에 따른 인구 감소를 막기 위해 전국 37곳에 CTS 제휴 어린이집을 개원했고, 저출산 극복을 위한 출산 장려 세미나, 대안교육 법제화를 위한 공개 토론회, '한 교회 한 학교 세우기' 캠페인 등을 추진했다.

코로나 시즌일 때도 다음 세대를 세우기 위해 주요 교단 교육부서와 협력해 기독교방송 최초로 'TV여름성경학교'를 진행했다. 앞으로도 CTS는 한 교회, 지역사회와 함께 실질적인 지원 방안을 수립해 나

갈 것이다. 무엇보다 '다음세대운동본부'(2021년 출범)를 통해 한국 교회
가 공간과 인프라를 지역사회에 제공해 다음 세대가 행복한 플랫폼을
만들 것이다. CTS다음세대운동본부는 한국 교회 다음 세대 희망운동
의 구심점 역할을 할 것이다. 무엇보다 교회가 교육과 보육의 공동체를
돌보는 부모의 역할을 하도록 도울 것이다. CTS의 '다음세대운동본부'
는 청년들이 안심하고 결혼하고 출산하고 아이를 맡길 수 있도록 최선
을 다할 것이다.

자녀를 낳는 것을 두려워하고 꺼리는 이유 가운데 교육비와 양육비
가 큰 자리를 차지한다. 교회가 부모역할을 일부 대신할 수는 없을까?
교회가 영혼의 새 생명 뿐 아니라 실제 태어난 아이들이 청년으로 자랄
때까지 체계적으로 교육할 수 있지 않을까?

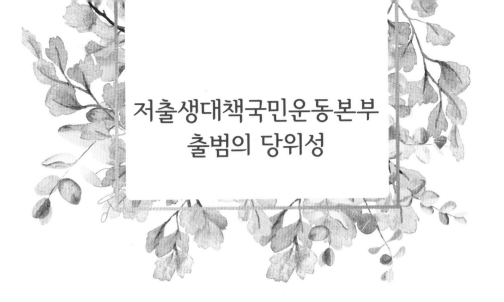

저출생대책국민운동본부 출범의 당위성

행복한 출생, 든든한 미래

• • •

저출생은 국가적 재난이다. 2006년부터 정부는 5년 단위의 저출산 고령사회 기본 계획을 수립했지만, 정책의 우선순위 설정, 효율적 정책 수단 선택의 실패 등으로 정책에 실패했다. 한국은 현재 세계에서 가장 빠른 속도로 고령화가 진행 중이다. 그래서 이 문제를 해결하기 위해 사회 전 분야가 나선 것이다. 저출산 문제를 국가에만 맡길 수 없는 상황에 이른 것이다. 학계, 종교계, 재계 등 각계 인사 1,200명이 참여했다. 저출생이라는 국가적 위기를 극복하기 위해 민간 차원의 출산장려 운동이 범국민적으로 전개하기 위해서다.

2022년 8월 24일 '저출생대책국민운동본부'(이하 출대본)이 출범했다. 저출산에 기인하는 인구절벽 문제 극복을 위한 범국민운동을 펼치기 위하여 종교계, 학계, 교육계, 재계, 시민단체 등 각계 지도자들이 참여한 가운데 출범하였다. 나는 본부장을 맡게 되었다. 영아 전담 시설, 미혼모 복지시설, 다문화가정센터 등 저출산 극복을 위한 구체적 사업을 계발하고 범국가적 네트워크를 구성하겠다는 내용이 선언문에 담았다. 주요 계획은 종교시설 안에 영유아 보육시설과 방과 후 학교 설치 운영을 권장하고 직장 내 육아 지원 시스템 확대, 다문화 가정 자녀 지원 등을 추진하는 것이다.

그 후 13년이 지났다. 저출산 문제는 여전히 해결되지 않았다. 그러나 인구감소는 가속화되고, 이로 인한 위험성도 점점 코앞에 다가오고 있다. 통계청이 발표한 2022년 우리나라 합계출산율은 0.78%다. 현재 러시아와 전쟁 중인 우크라이나보다 낮은 수치다. 그러나 10년 넘게 쏟아 부은 각계각층의 노력이 결코 허사는 아닐 것이라고 믿고 싶다.

그동안 달라진 것은 무엇일까? 단지 '저출산'에서 '저출생'으로 용어가 바뀌기 시작했다는 것일까? 저출산과 저출생의 차이는 무엇일까? 두 단어의 뜻을 같게 보는 사람도 있고 다르게 보는 사람도 있다. 우선 저출산은 아이를 적게 낳는다는 것에, 저출생은 출생인구가 줄어든다는 것에 무게를 둔다. 그래서 저출산이라는 말에는 인구감소의 책임이 여성에게만 있는 것처럼 들릴 수 있다. 또한 신생아가 줄어드는 현상을 이야기할 때, 아이 중심의 '저출생'이라는 용어가 더 적합하다. 몇 년 전부터 여성계에서는 저출산이 성차별적 용어라며 시정해야 한다는 주장이 일어나기 시작했다.

국회에서도 저출산과 저출생의 용어 차이를 인지했다. 그래서 2022년에는 '저출산'을 '저출생'으로 바꾸는 법안을 발의하기도 했다. 그러나 이 법안은 아직 계류되어 있다.

현재 정책과 법률에서는 '저출산'이라고 표현한다. 대통령 직속 기관 명칭도 '저출산·고령사회위원회'다. 일부 언론에서는 저출산과 저출생을 병행 사용하기도 한다. 어떤 용어를 사용하느냐가 문제의 핵심이 아니다.

지금 우리 사회는 남성 육아휴직이나 양질의 돌봄기관이 부족해서 일·가정 양립이 힘들다. 아이를 낳으면 엄마는 '경단녀(경력 단절 여성)'가 되기 십상이니 결혼과 출산을 피할 수밖에 없다. 맞벌이 부모는 사실상 조부모에게 손을 벌려야 한다. 손자가 한 명이면 가능할지 몰라도 그 이상은 어렵다. 저출생의 원인이 개인에게 있는 게 아니라 사회적 상황이 만든 결과라는 의미에서 본부 이름도 '저출산'이 아니라 '저출생'으로 정했다.

CTS는 전국 돌봄 센터 5,000개 설립 운영 지원을 선언했다. 저출생 문제 해결을 위한 종교·시민·사회·교육단체 모임이다. 출범식에는 불교, 원불교 등 다른 종교계 인사들도 참석했다. 3·1 운동 때 서로 다른 종교를 가진 민족대표 33인이 한마음으로 뭉쳤듯이 저출생 대응에도 모든 종교가 힘을 모아야 한다.

"0.78명 쇼크, 대한민국이 사라지고 있다. 정부는 종교시설 활용하여 저출생 위기 극복하라."

온갖 고난과 시련을 이겨내고 우뚝 선 대한민국이 인구절벽 앞에서 주저앉고 있다. 그동안 역대 정부는 저출생 해결을 위해 통산 수백조 원의 예산을 투입했지만 2022년 합산 출산율 0.78%라는 성적표는 참담하다. 현 정부가 저출산 대책 긴급회의를 소집하고 대안을 제시하겠다는 소식은 환영할 만한 일이다. 정부와 종교 시민사회가 한마음이 되어 전국에 있는 10만여 종교시설을 활용한 돌봄서비스를 제공하면 저출생 문제를 해결할 수 있다.

10여 년 전에 출범한 '출산장려국민운동본부'나 2022년에 출범한 '출대본'나 지향하는 것은 같다. 인구 위기 앞에서 여야가 함께 힘을 모으고 모든 종교시민단체가 함께 저출생 문제 해결에 앞장서야 한다.

2023년 3월 29일, CTS 컨벤션홀 11층에서 저출생 대책 세미나를 갖고, '돌봄'에 대한 길을 모색하고 공유했다. 종교시설을 연계한 영유아돌봄정책이 필요한 만큼 그 해결책으로 돌봄 현장에 대한 정부 지원이 반드시 뒤따라야 하기 때문이다.

이어 4월 25일에는 서울 여의도 국회도서관 소회의실에서 '저출생 시대 아동돌봄정책 국회 포럼'을 열었다. 개회사를 통해 어머니를 대상으로 한 설문에서 아이 돌봄 문제가 해결되면 78.2%가 결혼과 자녀 출산에 대해 적극적으로 관심을 두겠다는 결과가 나왔다고 전했다. 그리고 종교시설과 정부 시설을 활용하는 등 다양한 해법을 모색하고 이를 구체적으로 실행하는 포럼이 되길 바란다고 당부했다.

6월 13일에는 CTS 컨벤션홀에서 '저출생 시대, 아동돌봄에서 길을 찾다'라는 주제로 포럼을 주최했다. 출대본 본부장을 맡아 일하고 있다. 10여 년 전부터 외쳐오던 내 바람은 한결같다. 출산 장려를 위해서는 주거 문제, 보육 문제, 교육 문제 해결이 가장 시급하다. 저출생 문제를 위해, 돌봄 문제를 위한 제도적 개선을 위해 모두가 힘을 모아야 한다.

출대본은 출생률 반등 대안의 하나로 '돌봄', 특히 0-3세 '영유아돌봄'에 주목하고 있다. 그리고 범종교적으로 활동을 전개하고 있다. 태어난 아이들을 지역 교회 공동체에서 함께 돌본다. 그야말로 한 마을이

2022년 저출생대책국민운동본부 출범식 모습

아이를 돌보는 것이다.

그렇다면 영유아돌봄서비스를 통해 저출생 문제가 해결될 수 있을까? 물론 근본적으로는 해결할 수 없다. 그러나 현 상황을 더 이상 악화시키지 않고, 좀 더 나은 방향으로 이끌어갈 수는 있다.

2022년 저출생대책국민운동본부 출범식 모습

밀알이 되어
썩는다는 것

내가 진실로 진실로 너희에게 이르노니 한 알의 밀이 땅에 떨어져 죽지 아니하면 한 알 그대로 있고 죽으면 많은 열매를 맺느니라(요 12:24)

밀알이 되어 썩는다는 것, 죽는다는 것 그리스도인들에게 매우 익숙한 말씀이다. 이 말씀과 구원에 대한 심오한 신학적 의미는 일단 접어두기로 한다. 여하튼 이 말씀은 우리도 예수님처럼 자기를 희생하여 많은 열매를 맺어야 한다는 의미로 통용된다.

밀알이 된다는 것, 썩어진다는 것은 쉬운 일이 아니다. 그래서 될 수 있는 한 피하고 싶은 것이 솔직한 심정이다. 이 말씀에 대해 무의식적인 부담감을 안고 있는 사람도 적지 않으리라 생각한다. 그러나 나는 각양 집회나 행사에서 개인 간증을 하거나 CTS를 대변해서 말씀을 전할 때 밀알이 되어 썩을 것을 촉구한다. 동시에 밀알로 썩어진다는 것이 얼마나 두려운 일인지 솔직하게 고백한다.

작디작은 밀알이 땅에 심어지고, 껍질이 썩으면서 그 안에 있던 생명의 눈이 밖으로 나와 싹을 틔운다. 싹이 자라 잎이 나고, 헤아릴 수 없이 많은 열매를 맺는다. 땅에 심어졌다고 해서 모두 싹이 나고 열매를 맺는 것은 아니다. 썩지 않은 밀알은 수년이 지나도 한 알 그대로 있다.

우리나라 인구의 60% 정도가 불신자다. 즉 기독교, 불교, 천주교, 원불교, 기타 종교를 다 합해도 40%가 안 된다. 국내에서도 이러한데 해외는 어떠하겠는가? 지구상의 많은 영혼이 복음을 모른 채 표류하고 있다.

내가 굳이 밀알이 안 되어도 내 이웃이 밀알이 되면 된다는 생각도 한다. 만일 이웃도 나와 같은 생각을 하고 있다면 결국 그 누구도 밀알이 되지 못한다.

CTS는 저출생 문제가 중대한 사회문제임을 일찍 깨닫고, 2006년에 '생명과 희망의 네트워크' NGO를 발족한 이래 CTS 영유아문화원 개원(2006), 출산장려국민운동본부 출범(2010), 다음세대지원센터 건립(2020), 다음세대운동본부 출범(2021) 등 관련 사업을 계속해 왔다.

교회는 외치라

돌봄 정책 개선을 위한 노력

갈수록 자녀는 짐이라는 인식이 깊어지고 있다. 이러한 그릇된 인식을 변화시키는 것은 곧 교회의 사명이다. 왜냐하면 사회가 성경의 가르침과는 전혀 다른 방향으로 흘러가고 있기 때문이다. 자녀를 낳고 키우는 것은 짐이 아니라 축복이다. 하나님이 주신 지상명령이기도 하다. 이러한 사실을 교회는 크게 외쳐야 한다.

지역 교회는 출생 장려, 돌봄과 교육, 결혼과 건강한 가정 만들기에 앞장서야 한다. 이를 위해 제일 먼저 할 일은 하나님 앞에 무릎 꿇는 것이다. 우리가 다양한 연구·조사·분석을 하고 머리를 맞대고 해답을 찾고 있지만 여전히 우리가 미처 파악하지 못한 복합적이고 미세한 문제들이 산재해 있을 것이다. 우리의 지혜는 한계가 있으나 엎드려 하나님께 지혜를 구하지 않을 수 없기 때문이다.

지역 교회에 권유하는 구체적인 미션이 있다.

한 달에 한 번 관련 메시지를 전한다. 성도들은 다음 세대 기도 릴레이에 동참한다. 교회 내 출생 돌봄위원회 등의 관련 조직을 신설하고 위원회를 중심으로 출생과 돌봄 이벤트를 실행한다.

저출생 극복 운동은 민족과 국가의 존망이 걸린 이 시대의 구국운동이다. 저출생 극복을 위해 한국 교회는 종교·사회단체와 함께 섬김에 앞장서야 한다. 이것은 곧 하나님의 은총에 보답하는 것이며 한국 교회의 사회적 책임이다. 한국사회 저출생 문제는 앞으로 5년을 골든타임으로 보고 있다.

"현 정부에 대통령은 저출산고령사회위원회 위원장으로서 각 정부 부처가 종교계와 적극적으로 협력하기를 요청할 수 있도록 해주시기를 바란다. 정부 관계부처는 종교시설을 활용한 0-3세 영유아돌봄서비스를 제공할 수 있도록 관련 법규를 개정 보완해주기를 바란다. 국회와 여야 정당들은 저출생 문제 해결을 위해 종교 시민사회가 참여할 방안을 강구해주기 바란다. 대한민국의 종교인들은 한마음으로 저출생 국난 극복을 위해 기도하며 종교시설을 개방하는 데 앞장설 것이다."

현재 돌봄정책은 교육부, 보건복지부, 여성가족부 3개 부처가 담당하고 있다. 교육부에서는 초등돌봄교실, 방과후학교, 학교돌봄터를 보건복지부에서는 지역아동센터, 다함께돌봄센터, 학교돌봄터를 여성가족부에서는 청소년방과후아카데미, 공동육아나눔터, 아동돌봄서비스 꿈도담터를 관할한다.

이에 CTS와 출대본은 국회와 협력하여 정부기관의 출생장려사업을 모니터링하며 돌봄정책을 개선하고, 관련 전문 네트워크를 구축하고 있다. 이를 위해 요즈음 분주한 행보를 펼치고 있다. 구체적인 예로 교회 시설 내 아동 돌봄을 위한 입법청원 서명운동을 위해 여기저기 방문하고 있다. 온·오프라인을 통해, 또 QR코드를 통해 서명에 동참할 수 있다.

국내의 기독교 대안학교를 탐방하면서 학교 설립자들과 교사들과 많은 대화를 나눈 적이 있다. 그들의 공통된 의견은 올바른 교육은 교회와 학부모와 학교가 함께 해야 한다는 것이다. 그래야만 아이들이 하나님의 자녀로서의 정체성을 알고, 세속화된 문화 속에서 진정한 그리스도인으로 성장할 수 있기 때문이다. 이러한 돌봄과 가르침이 유아기 때부터 시작된다면 아이들이 커서 그 어떤 세파에도 굴하지 않고 굳게 설 것이다. 이들에게는 자기가 하나님의 형상으로 지음을 받았다는 믿음이 있기 때문이다.

"생육하고 번성하라."
이 말씀은 여전히 유효하다.

닫
는
말

글로 뛰다

• • •

　입으로 말하고, 발로만 뛰는 것만으로는 부족하다고 느낄 때가 있었습니다. 그 생각이 저를 글로 뛰게 만들었습니다.

　저출생 문제는 우리 사회의 지속 가능성을 위협하는 가장 큰 도전 중 하나로 자리 잡은 지 오래되었습니다. 이 문제는 단순히 출산율의 저하를 넘어, 우리 모두의 행복한 미래를 좌우할 중대한 과제입니다. 지금은 우리가 함께 힘을 모아야 할 때입니다. 이 위기를 극복하고, 다음 세대를 위한 더 나은 환경을 만들어가기 위해서입니다.

　2022년 8월 24일, '행복한 출생 든든한 미래(행든)'라는 슬로건 아래 저출생대책국민운동본부(출대본)가 출범했습니다. 출대본은 저출생 문제 해결의 핵심이 영유아 돌봄과 교육에 있다고 보고, 이를 중심으로 한 정책적 접근을 강조해 왔습니다. '행복한 출생 든든한 미래'라는 슬로건은 단순한 말이 아닌, 보이지 않지만 우리 모두가 따라야 할 깃발이며 푯대입니다. 그 깃발 뒤에는 하나님이 서 계시며, 우리가 성취해야 할 비전과 가치가 그 안에 담겨 있습니다. 이 깃발은 어머니의 따뜻한 품을 상징하며, 보육과 교육의 중요성을 나타냅니다. 이로써 우리는 다음 세대가 따뜻한 사랑과 보호 속에서 자라날 수 있는 환경을 조성해야 하며, 이들이 배움과 성장을 통해 미래를 이끌어 갈 주역으로 성장할 수 있도록 지원해야 합니다.

90년대부터 저는 출생과 영유아 교육의 중요성을 강조해 왔습니다. 그동안 CTS와 함께 저출생 문제를 해결하기 위한 여러 노력을 이어왔고, 이제는 그 이야기를 글로 전하고자 합니다. '행든'에서 수고하는 이들의 도움을 받아 국내편과 해외편으로 나누어진 두 권의 책을 집필했습니다. 곧 여러분에게 선을 보일 것입니다. 이 책에서는 저출생 문제 해결을 위한 다양한 해답들을 담아, 국내외 상황을 꼼꼼히 분석하고 여러 나라의 사례를 비교해 보며 대안을 제시했습니다.

이 문제는 혼자 해결할 수 있는 일이 아닙니다. 우리 모두가, 보수와 진보, 종교와 신념의 차이를 넘어 함께 협력해야 합니다. 교회와 종교 단체들이 보유한 유휴 공간을 아동 돌봄 시설로 바꾸고, 정부와 기업이 함께 돌봄 네트워크를 구축하는 등의 창의적이고 협력적인 방식이 해답이 될 수 있습니다. 이제는 발로 뛰는 것만이 아니라, 글을 통해 더 많은 사람들의 공감을 얻고, 함께 앞으로 나아가야 합니다. 저출생 문제는 복잡하고 어렵지만, 우리는 길을 만들어가며 해결할 수 있습니다. 정부와 교회, 기업이 손을 맞잡고 돌봄과 교육의 네트워크를 강화할 때, 우리 사회는 더 나은 미래로 나아갈 수 있을 것입니다.특히 교회는 이 돌봄 네트워크에서 중요한 역할을 할 수 있습니다. 정부와 교회가 협력하여 가정과 사회를 함께 지지하는 시스템을 구축할 때, 저출생 문제도 점차 해결의 길로 나아갈 것입니다.

또한 곧 저출생대책국민운동본부와 (사)행복한출생든든한미래가 주최하고, 인요한 의원실이 주관하는 공청회도 열릴 예정입니다. 이 자리에서는 아동 돌봄 정책 방향에 따른 법률 검토와, 지역 소멸에 따른 돌봄 사각지대를 극복하기 위한 방안이 논의될 것입니다. 또한, 종교 시설을 활용한 아동 돌봄 관련 법률 통과를 위한 논의도 진행될 예정입니다.

이렇듯 '행복한 출생, 든든한 미래'은 공통의 비전을 실현하기 위해 세미나, 포럼, 입법청원 서명운동 등 다양한 활동을 통해 저출생 위기 극복을 위한 담대한 발걸음을 계속 이어가고 있습니다. 여러분과 함께 이 길을 가고 싶습니다.

• • •

인생 후반, 저는 줄곧 CTS와 함께 걸었습니다. 지금도 마찬가지입니다. 제가 태중에 있을 때부터 아시고, 확정하시고, 부르시고, 인도하신 하나님은 CTS가 청년의 나이에 이르기까지 많은 기적을 행하셨습니다.

예나 지금이나 저의 꿈은 아주 큽니다. 그래서 뜬구름을 잡는 것이 아니냐는 소리도 많이 들었습니다. 그러나 저를 지금까지 이끌어 온 동력은 꿈이었습니다. 다만 하나님을 믿기 전에는 세상의 꿈을 꾸었지만, 하나님을 믿은 후부터는 하나님 나라를 꿈꿉니다. 비전과 뜬구름 잡는 것과는 종이 한 장 차이입니다. 초기에는 둘이 똑같아 보입니다. 그러나 일정 시간이 지나면 확연히 다릅니다.

CTS는 순수 복음 방송입니다. 그러나 복음 방송과 더불어 이 나라를 위해, 한국 교회의 부흥을 위한 사역을 하고 있습니다. 다음 세대 세우기, 저출생 극복, 종교시설을 활용한 돌봄서비스 등을 위해 애쓰고 있습니다. 아동돌봄정책 입법을 위한 서명운동은 지금도 진행 중입니다. 이를 위해 전국적으로 캠페인과 서명운동을 진행하고 있습니다.

복음·다음 세대·저출생·보육·교육이란 키워드는 독립된 것이 아니라 하나의 유기체입니다.

저, 감경철은 부도난 CTS 방송국을 회생시킨 일개 CEO로 기억되고 싶지 않습니다. 단지 하나님의 부르심에 순종한 지극히 작은 자로 기억되고 싶습니다. 이제 큐티 노트에 적어놓은 글 일부를 옮겨 적으며 이 책의 문을 닫으려 합니다.

"내 남은 삶 짐을 다시 꾸리고 선교지로!"

"겹겹이 입었던 옷을 벗고 가벼운 차림으로 배낭을 메고, 땀을 식히고, 하늘 나라로!"